님께

드립니다.

주후 20   년   월   일

드림

호호아줌마의 사랑보따리

호호아줌마의 사랑보따리

초판 1쇄 펴낸 날 · 2010년 3월 10일 ㅣ 초판 1쇄 찍은 날 · 2010년 3월 5일

지은이 · 김숙희 ㅣ **펴낸이** · 김승태

등록번호 · 제2-1349호(1992. 3. 31.) ㅣ **펴낸 곳** · 예영커뮤니케이션
주소 · (136-825) 서울 성북구 성북1동 179-56 ㅣ **홈페이지** www.jeyoung.com
출판사업부 · T. (02)766-8931 F. (02)766-8934 e-mail: edit1@jeyoung.com
출판유통사업부 · T. (02)766-7912 F. (02)766-8934 e-mail: sales@jeyoung.com
제작 예영 B&P · T. (02)2249-2506~7

copyright©2010, 김숙희

ISBN 978-89-8350-564-4(03230)

값 10,000원

호호아줌마의 사랑보따리

김숙희 지음

정성진 · 윤재병 · 안기학 추천

예영커뮤니케이션

한 사람에게 복음을 전하여 예수 그리스도를 구주로 영접하게 함으로써 영원한 삶의 길을 열어 주는 것 이상의 가치 있는 일이 있을까? 전도는 하나님께서 아름답게 창조하셨다가 잃어버린 한 영혼을 찾는 일이고, 타락한 영혼을 구원하는 위대한 일이다.

전도의 현대적 의미는 성도들이 교회 밖으로 나아가 사람들로 하여금 예수 그리스도를 믿고 하나님의 교회의 일원이 되게 하는 모든 방법을 말한다.

그러나 현대와 같이 고도로 발달한 사회에서는 전도를 하기가 쉽지 않다. 자신의 능력으로 살아가는데 필요한 모든 것을 축복하며 살아갈 수 있다는 인간의 교만이 하나님의 부르심에 대해 귀를 막고 있기 때문이다.

또한 신앙생활을 오랫동안 하고 있는 성도들 중에서도 전도에 열심인 성도들도 많지 않다. 오직 자신의 영적인 성장과 축복, 평안에만 관심을 쏟고 있다. 그러나 예수님께서는 그리스도인이라면 누구나 마땅히 전도를 해야 한다고 가르치셨다.

"너희는 가서 모든 민족을 제자로 삼아 아버지와 아들과 성령의 이

름으로 세례를 베풀고 내가 너희에게 분부한 모든 것을 가르쳐 지키게 하라."(마 28:19-20)

그리스도인은 전도를 못하면 상급이 없다. 전도는 해도 되고 안 해도 되는 선택의 과제가 아니라 그리스도인이라면 한 영혼이라도 더 구하기 위해 적극적으로 도전해야 하는 필연적인 의무이다. 이왕 해야 할 전도라면 특등전도자가 되어야 한다.

조지 바너는 "성공적인 교회는 교회의 구조를 전도에 맞춘 교회이다."라고 말했다. 내가 김숙희 전도사님을 처음 만난 때는 2001년이었다. 그분과 면접을 하면서 전도의 은사와 한 영혼에 대한 깊은 사랑을 품고 있음을 알게 되었다. 나는 김전도사님에게 전도사님이 열심히 전도하는 것보다 우리 교회 성도님들이 전도에 열심을 갖도록 지도해 줄 것을 요청했다.

몇 달이 지난 후에 몇몇 열심 있는 성도님들을 중심으로 전도팀이 구성되었고, 교회 인근의 병원들과 노숙자들, 외국인 노동자들을 대상으로 본격적인 전도 활동이 시작되었다. 성도님들이 전도 활동을 통해 많은 영혼들이 주님을 영접하는 놀라운 열매를 맺어나가면서 여러 전도팀들이 만들어졌다. 또한 김전도사님의 전도 열정은 언어와 문화의 장벽을 그리스도의 사랑으로 녹여 외국인 근로자들을 전도하여 태국인 예배와 베트남 예배를 드리는 계기를 마련했고, 긍휼사역을 통한 전도, 병원 전도, 아파트 전도 등 전도팀이 다원화되었다. 처음에는 머뭇거리던 성도들도 점점 정예화된 전도자들이 되었으며 놀라운 성령의 은혜로 전도 현장에서 치유의 역사가 일어나기도 했다. 전도자는 예수님께서 가르치신 복음으로 무장해야 할 뿐 아니라 예수 그리스도와 함께 십자가에 못 박히고 그리스도와 함께 부활에 참예하여야 한다. 전도자는 바로 복음의 선전대원으로 부름받은 것이다.

이 책의 상당부분은 일산광성교회에서 시작하여 거룩한빛광성교회로 성장하기까지 전도팀을 이끌었던 김숙희 전도사님의 열정적인 사역의 모습이 잘 드러나 있다. 김전도사님의 간증을 통하여 전도하면 교인들이 능력을 받고 교회가 성장한다는 것을 볼 수 있다.

이제 김숙희 전도사님은 거룩한빛광성교회를 떠나 여러 개척교회의 전도팀을 지도하고 있다. 그리고 그의 가슴에는 해외 선교에 대한 큰 비전도 품고 있다. 김숙희 전도사님의 삶을 한 마디로 표현한다면 "전도에 미쳤다"라고 할 수 있다. 그분의 눈에는 노숙자이든 장애인이든 시한부 인생이든 외국인이든 모두 예수 그리스도의 사랑을 필요로 하는 존재로 보여진다. 그리스도의 사랑을 필요로 하는 사람을 만날 때마다 김전도사님은 거의 본능처럼 다가가 복음을 전한다. 얼마나 아름다운 삶인가? 이 책은 전도를 하고 싶은데 용기가 없는 사람들과 어떻게 전도해야 할지 모르고 고심하는 분들에게 좋은 지침서가 될 것이다. 전도하는 맛, 전도하는 기쁨, 한 영혼을 구원의 길로 이끄는 기쁨 속에서 그리스도인의 진정한 삶을 누리는 여러분이 되시길 기원한다.

"많은 사람을 옳은 데로 돌아오게 한 자는 별과 같이 영원토록 빛나리라."(단 12:3하)

전도자에게는 하늘의 별과 같이 영원토록 비치는 영광의 면류관이 예비되어 있다.

정성진(거룩한빛광성교회 담임목사)

릭 워렌의 아버지는 임종하는 순간에도 아들의 머리에 손을 얹고 이런 유언을 남겼습니다.

"One more for Jesus!" (한 사람이라도 더 예수님께!)

이 유언이 바로 오늘날의 릭 워렌 목사님을 만들었습니다. 예수님께서는 한 영혼을 구원하기 위해서라면 어떤 수고도 마다하지 않으셨습니다. 그래서 예수님의 삶은 한 마디로 '복음 전파의 삶' 그 자체였습니다.

하나님의 아들이신 예수님께서 복음을 위해 자신의 생명을 다 드리는 모습은 우리가 따라야 할 모습입니다. 예수님께서는 이 시대의 진정한 전도자이셨습니다. 그런데, 바로 이런 예수님을 닮은 분이 있습니다. 그분은 바로 김숙희 전도사입니다.

그를 처음 만나게 된 것은 어느 선교사님의 소개 때문이었습니다. 사실 지난 18년을 전도만 하고 살았다는 그의 이야기를 듣고 저는 꼭 만나고 싶었습니다. 그와의 만남이 있기 전 기도하면서, 하나님께 그가 어떤 사람인지를 물어보았습니다. 기도 중에 주님은 '내가 좋아하는 사람이고 내 마음을 시원하게 해 주는 사람' 이라고 알려 주셨습니다. 그리고 그날 처음으로 그를 만나면서, 기도하면서 받았던 말씀대로 '그는 하나님의 사랑을 많이 받는 분' 임을 알게 되었습니다. 그와 함께 전도하면서 그가 얼마나 영혼을 사랑하는지, 전도를 얼마나 생활 속에서 실천하는지를 눈으로 목격할 수 있었습니다.

한 번은 내가 몸이 아프다고 하니까 자신이 잘 아는 병원이 있다며 저를 그 병원에 데리고 간 적이 있었습니다. 병원에 도착해서 엘리베이터를 타고 올라가는데, 초등학교 저학년 여자 아이가 무슨 일인지 슬프게 울고 있었습니다. 그 순간, 그는 너무나 자연스럽게 아이를 꼭 껴안아 주면서 무슨 일이냐고 묻고 이야기를 들어 보더니, "너를 괴롭힌 아이들을 하나님께 다 일러바쳐라. 하나님께서는 네 이야기를 들어 주신다." 라고 말하면서 전도지 한 장을 주는 것이었습니다. 이것이 바로 그 아이를 전도하는 방법이었습니다. 그 짧은 순간에 아이에게 너무나 쉽게 전도하는 모습을 보고 저는 놀랐습니다.

또 한 번은 전도를 하러 같이 나간 적이 있는데, 그의 관심은 길거리에 쭈그려 앉아 나물을 파는 할머니, 노점상 아주머니들, 허름한 옷을 입은 할아버지들이었습니다. 그는 사람들의 관심 밖에 있는 사람들을 향해 먼저 사랑의 말을 건네며 전도했습니다. 그는 복음을 위해 모든 것을 배설물로 여기고 한 영혼이 구원받는 일에 모든 것을 헌신하는 사람입니다. 한 번은 갑작스러운 경제적인 타격으로 오갈 데가 없는 한 식구의 딱한 사정을 듣고, 앞뒤 안 재고 그냥 자신의 집으로 오라고 하면서 같이 살자고 말하는 것을 저는 들은 적이 있습니다. 그런데 그 후 기적처럼 방을 구하기 어려웠던 그 가족이 방 두 칸짜리를 얻는 것을 볼 수 있었습니다. 이처럼 복음을 위해서라면 그는 무엇이든 할 수 있는 사람입니다.

이런 분의 이야기가 책으로 나온다는 소식에 가슴 설레며 기뻤습니다. 이 시대에 살아 있는 진정한 전도자의 삶과 흔적을 그나마 책을 통해서라도 볼 수 있게 되었다는 것이 얼마나 다행인지 모릅니다. 이 책을 읽어나가면서 영혼을 향한 그의 열정과 사랑, 주님을 향한 헌신과 사랑을 느낄 수 있을 겁니다. 이런 복된 분의 책이 세상에 나오게 되어 기쁩니다.

윤재병(이랜드 사목)

오늘날 교회나 성도들은 전도하는 일을 주님의 지상 명령이요, 가장 중요한 사명으로 인식하고 있습니다.

그러나 목회자나 성도들 가운데 많은 분이 전도하는 일을 꺼리고 쑥스러워하여 쉽게 용기를 내지 못하고 있습니다. 전도는 내가 하는 것이 아니고 성령께서 하시는 일이기 때문에 성령의 도움을 받고 그분의 인도하심을 따르기만 하면 되는데, 내가 하려고 하니 힘들고 어렵고 용기를 내기가 쉽지 않은 것입니다.

저는 김숙희 전도사를 신혼 때부터 알았습니다. 그는 믿음이 좋고 똑똑하고 당찬 모습의 신부였습니다. 그의 어머니는 이들 부부를 위하여 많이 기도했습니다. 김전도사는 어린이선교신학을 공부하고 어린이선교원에서 교사이자 유치부에서 전도사로 열심히 봉사했습니다. 늘 활발하고 자신감 있고 당찬 모습이었습니다. 그런데 어느 날부터 그는 열심히 전도하는 전도사가 되어 있었습니다. 여러 개척교회를 도우며 그 개척교회 부흥에 큰 역할을 했습니다.

그에게는 특별한 은사가 있었고 하나님께서는 그의 은사를 들어 쓰신 것입니다. 하나님께서 모세를 들어 쓰시기 위하여 80년을 훈련하신 것처럼, 그동안의 과정들은 모두 하나님의 훈련 과정이었습니다. 특히 거룩한빛광성교회에서 전도사로 있으면서 전도팀을 만들면서 큰 역할을 감당했습니다. 김숙희 전도사는 전도팀을 이끌고 성령께서 인도하시는 대로 암센터, 병원, 외국인 근로자, 소외당하는 사람들, 병든 사람들을 찾아갔고, 가는 곳마다 놀라운 일들이 일어났습니다. 그의 전도 사역은 성공적이었습니다. 조그만 체구에서 어떻게 그런 담대함이 나오는지! 그의 전도의 힘은 순수하고 강력하게 기도하면서 성령의 인도를 구하는 데서 오는 것이고, 또 한편은 지옥으로 떨어져 가는 생명들을 불쌍히 여기고 사랑하는 마음에서 나오는 것입니다.

그는 남의 이야기를 전하는 것이 아닌 전도 현장에서 체험한 하나님의 역사를 생생하게 기록하고 있기에 그의 책을 읽기 시작하면 다 읽을 때까지 책을 놓을 수가 없습니다. 그는 어떤 잡지나 신문에나 글을 실어본 일이 없었기에 문장의 기교가 없어 보일지 모릅니다. 그러나 이런 소박하고 순수한 글이 오히려 독자의 마음을 사로잡을 수 있을 것이라 생각합니다.

전도 열기가 식어지고 교회 부흥이 잘 이루어지지 않는 오늘날 이 땅에, 이 책이 한국교회에 다시 한번 전도 열기를 불어넣고 千萬聖徒들에게 전도의 자신감을 불어넣는 불씨가 되기를 바랍니다.

安基鶴(平壤老會 功勞牧師)

추천사 정성진(거룩한빛광성교회 담임목사)
  윤재병(이랜드 대표사목)
  安基鶴(平壤老會 功勞牧師)

프롤로그

행복한 전도자

　우리가 한평생 사는 동안 하나님을 만나는 것만큼 큰 축복은 없을 것입니다. 그것은 하나님을 믿는 우리의 믿음 안에 세상의 모든 것이 들어 있기 때문입니다. 우리가 이 세상에서 아무리 출세하고 많은 돈을 벌더라도 지나고 보면 허무한 것이 우리의 인생입니다.

　지금 이 순간, 당신은 행복을 원하십니까?

　하나님의 믿음 안에서 전도자의 삶을 살아 보십시오. 전도자의 삶을 사는 자에게 하나님께서는 세상이 줄 수 없는 평안과 기쁨을 주십니다. 전도자의 삶은 어렵지 않습니다. 남들보다 조금 낮은 자세로, 조금 희생의 자세로 한 영혼을 사랑하며 다가서기만 하면 됩니다. 그것은 하나님의 기쁨이며 내 기쁨이기 때문입니다.

　"눈물을 흘리며 씨를 뿌리는 자는 기쁨으로 거두리로다. 울며 씨를 뿌리러 나가는 자는 반드시 기쁨으로 그 곡식 단을 가지고 돌아오리로다."(시 126:5-6)

　사랑은 가슴으로 느끼고 행동으로 옮기는 것입니다. 이것이 하나님의 마음입니다.

　끝으로 본서를 발간하기까지 저는 일 년을 망설였습니다. 혹, '내 자랑이 되지 않을까! 하는 생각 때문이었습니다. 그러나 지금까지의 모든 내 생각이 어쩌면 교만일 수도 있다는 생각을 하게 되었습니다. 이 간증문으로 말미암아 한 사람의 사명자라도 탄생할 수 있다면 그보다 더 귀한 일은 없을 것입니다.

특히 지금 이 자리에 있기까지 이끌어 주신 여러 목사님과 전도 동역자분들께 감사를 드립니다. 또한 본서를 만들 수 있도록 기도해 주신 모든 분과 책을 발간할 수 있도록 도와주신 예영커뮤니케이션 김승태 장로님을 비롯한 편집부 가족에게도 진심으로 감사를 드립니다.

'창조의 하나님, 여호와 닛시의 하나님, 치유의 하나님, 사랑의 하나님. 하나님의 은혜로 이 쓸데없고 지렁이보다 약한 자를 통하여 주의 복음을 전하게 하시니 하나님께 영광을 돌립니다. 나를 사용하여 주시는 하나님께 감사합니다. 할렐루야!

김숙희 전도사

1. 광야 위에 핀 꽃

죽음에서 건져 주신 하나님

1999년 이른 봄, 은행에서 일할 때 만났던 자매였다. 성격이 좋으면서도 깐깐한 여직원이었다. 어느 날 그 자매가 팔목에 염주를 낀 채 일하는 모습을 보고, 나는 너무 불쌍한 마음이 들어 기도했다.

'하나님, 저 자매가 예수 믿었으면 좋겠어요.'

그러나 기도하면 할수록 팔목에 염주를 낀 여직원은 내 마음을 더 불편하게 했다. 그래서 나는 '하나님, 이 여직원이 다른 곳으로 발령 났으면 좋겠어요.' 라고 기도했지만 아무런 응답이 없었다.

지금 생각해 보면 그 자매는 자기를 좀 도와 달라고 힘들어서 죽겠다고 나에게 신호를 보낸 것이었는데 나는 그것을 깨닫지 못하고 피하게만 해 달라고 기도했던 것이다. 이 상황 속에서 '하나님께서는 얼마나 답답하셨을까' 하는 생각이 든다.

그러던 중 나는 기도 내용을 바꾸어서 새벽마다 부르짖어 기도하기 시작했다.

'하나님, 왜 저 여직원이 나의 마음을 불편하게 하는지 가르쳐 주세요. 저 여직원을 불쌍히 여기는 마음을 주시고 저 자매의 마음에 평안을 주시며 역사 하는 사단의 세력을 물리쳐 주세요.'

그러던 어느 날 그 여직원이 다가와 말을 걸었다.

“아줌마, 혹시 시간 있으시면 저랑 이야기 좀 해요.”

나는 깜짝 놀라서 물었다.

“무슨 일 있어요?”

“아줌마, 사실 제가 자살하려고 했는데 아줌마가 자꾸 생각이 나서 이야기 좀 같이 할까 하고 찾아 왔어요.”

그 말을 하면서 자매는 엉엉 울었다.

“저는 처녀 때는 예수를 믿었는데, 서울대학교를 나온 남편과 결혼하면서 시부모님의 강한 반대로 예수를 믿지 않게 되었어요. 그런데 남편은 지금 딴 여자와 바람이 나서 집에 들어올 생각도 하지 않고 카드로 돈도 많이 써서 카드 대금도 제가 대신 갚아 주었는데 시부모님은 오히려 자기 아들이 아깝다며 이혼을 하라고 하셨어요. 저는 매일 세 살 먹은 딸과 밤마다 울며 남편이 돌아오기만을 기다리고 있어요. 시어머니가 저에게 절에 같이 가자고 해서 절에도 따라 가고 염주도 팔에 끼고 다녔는데, 삶의 형편은 더욱 어려워지고 더는 살아갈 용기가 없어 너무 힘들고 외로워요.”

나는 이 이야기를 듣고 그 자매에게 이렇게 말해 주었다.

“예쁜 딸도 하나 있는데 어떻게 남편이 그렇게 배신을 할 수 있을까요. 귀신이 역사 하지 않으면 이런 일이 생길 수 없어요. 자매님이 하나님을 떠나니까 집나간 탕자처럼 고생하는 거예요. 하나님께서는 사랑의 하나님이세요. 주님을 떠난 것을 회개하시고 다시 예수님을 마음에 모셔서 믿음을 회복했으면 좋겠어요. 하나님께서는 자매님의 육신도 중요하게 생각하시지만 영혼을 더 중요하게 생각하시거든요. 그리고 자매님을 사랑하시기에 지금도 다시 돌아오기를 바라시고 계세요. 자매님이 남편을 그리워하듯이 하나님께서도 자매님을 그리워하고 계세요. 우리가 이 고통을 피하기 위해 죽으면 끝난다고 생각하지만, 절대로 죽는다고 해서 그 고통이 끝나지 않아요. 오히려 죽으면 더 큰 지옥의 고통이 기다리고 있어요.”

그리고는 “너희 중에 고난 당하는 자가 있느냐 그는 기도할 것이요 즐거워하는 자가 있느냐 그는 찬송할 지니라.”(약 5:13)라는 성경 구절을 생각하며 나와 하루 세 번씩 다니엘 기도를 하자고 말했다. 다니엘이 사자 굴에 들어갔을 때 뜻을 정하고 기도했더니 하나님께서 천사를 보내어 사자의 입을 봉했던 것처럼 말이다.

“ ‘이르시되 기도 외에 다른 것으로는 이런 종류가 나갈 수 없느니라 하시리라.’ (막 9:29)라는 말씀처럼 우리 한번 기도해 보아요.”라고 나는 자매에게 힘을 북돋아 주었다.

자매는 마음을 바꾸어 성경 공부와 기도를 하기 시작했고 점심 때가 되면 자매는 어김없이 골방에 찾아와 성경 공부를 했다. 얼마나 시간이 흘렀을까, 자매는 조금씩 마음이 안정되고 있었다.

어느 날, 그 자매는 나에게 찾아와서 이렇게 말했다.

“아줌마, 저는 지금 다니는 직장을 그만두고 장사를 해 보고 싶어요.

아줌마는 어떻게 생각하세요?'

하고 묻는 것이었다. 나는 갑작스런 자매의 질문에 조금은 당황스러 웠지만 그래도

"은행 일이 힘들 수도 있겠지만 여자가 하기에는 좋은 직업이니까 그만두지 마세요."

라고 말해 주었다.

얼마나 시간이 흘렀을까…. 어느 늦은 저녁, 갑자기 자매가 생각이 나서 전화를 하게 되었다. 그런데 전화 속에 그녀의 목소리가 떨리고 있 었다.

"아줌마, 진급 시험에 자꾸 떨어져서 점쟁이를 찾아가 물어봤는데 점쟁이가 다음 번 시험도 또 떨어진데요. 그래서 너무 불안해요."

하는 것이었다.

"자매님, 제가 전화로 기도해 줄 테니 걱정하지 말아요."

나는 자매를 위로하며 하나님의 능력이 큰지, 점쟁이의 말이 맞는지 시험해 보자고 했다. 그리고 나는 기도했다.

"하나님 아버지, 자매가 내일 시험을 보러 갑니다. 살아 계신 하나님! 이 딸이 시험에 꼭 합격해서 하나님만이 참 신이시며 우상과 점쟁이가 거짓말쟁이라는 것을 깨달을 수 있도록 증거를 보여 주세요."

얼마 후 연락이 왔는데 아주 기뻐하며 그 시험에 합격했다고 하면서 아줌마가 계속 기도해 주어서 그런 것 같다고 말했다.

나는 이러한 일을 통하여 전도와 기도와 양육이 참으로 중요하다는 것을 깨달았고 성령이 적절한 때에 나와 그 자매를 만나게 하시고 인도하신다는 것을 알게 되었다.

'한 생명이 천하보다 귀하다고 하신 말씀이 어찌 그리 아름다운지요…. 주님께 이 모든 영광을 돌립니다. 아멘.'

한 알의 밀알

2002년 봄, 나는 화요전도팀과 함께 일산 밤가시 마을 뒤편의 한 마을을 전도하게 되었다. 우리는 둘씩 짝을 지어 집집마다 문을 두드렸다. 그때 3살 된 아이를 가진 허복윤 자매를 만나게 되었다. 32세의 허복윤 자매는 위암 말기로 배에 복수가 차고 건강이 매우 안 좋아보였는데 꼭 우리를 주님께서 이곳으로 보내신 것 같았다. 우리는 이런 저런 말을 하다가 그 집으로 들어갔다. 그 자매에게 복음을 전하며 예배를 드렸고, 자매는 결국 주님을 영접하였다. 마치 십자가 앞에 달린 강도처럼 자매는 예수를 믿고 구원을 받았다.

이 자매를 살리기 위해 온 교인이 철야 기도 때마다 기도하며 하나님께 매달렸다. 그 자매가 암센터에서 수술하려고 수술실에 들어갔을 때, 여러 곳으로 암이 전이 되어 수술도 못한 채 수술실에서 다시 나왔다고 했다. 그러나 우리는 살아 계신 하나님의 능력은 능치 못함이 없다고 믿으며 열심히 기도하고 그 자매에게 믿음을 심어 주었다.

이러한 기도로 한 달도 못 살 것이라는 진단에도, 하나님께서는 그 자매를 6개월 이상 더 살게 하셨다. 그동안에 이 자매는 구원에 대한 확신과 믿음을 갖게 되었고 세례를 받았으며 하나님의 자녀가 되었다. 그리고 한 알의 밀알이 되어 온 가족이 예수님을 믿는 역사가 일어났다.

허복윤 자매가 6층 위암 입원실에 있을 때 기도하고 양육하기 위해 그 방에 가면, 환자들이 기도를 받고 예수님을 영접하는 일이 베데스다 연못처럼 일어났다. 100명이 넘는 사람이 허복윤 자매를 통하여 예수님을 믿게 되었다. 하나님께서는 그 자매를 복음의 씨앗으로 삼으시고 많은 사람을 구원하게 하셨다.

이런 일이 있고 나서, 나는 암센터에서 죽어 가는 영혼에 관심을 갖게 되어 6년 동안 암센터 전도를 쉬지 않고 매주 토요일마다 하였다. 처음에는 둘이서 전도를 시작했는데 점점 전도하고 싶어하는 사람이 많아 50명까지 늘어났고 우리는 매주 30명 이상씩 하나님을 영접시키고 복음을 전하면서 1년에 천 명 이상을 영접시키게 되었다.

한 여인이 낫든지 천국에 가든지 끝까지 돌보았더니, 하나님께서는 병원 전도의 큰 문을 열어 주셨다. "너는 말씀을 전파하라. 때를 얻든지 못 얻든지 항상 힘쓰라. 범사에 오래 참음과 가르침으로 경책하며 경계하며 권하라."(딤후 4:2)고 하신 말씀처럼 복음에는 강력한 힘과 생명의 역사가 있었다.

하루는 전도팀이 2명씩 짝을 지어 5층에서 10층까지 전도하는데 경비가 층마다 다니면서 전도자들을 다 잡으려고 했다. 결국 우리는 경비원에게 붙잡혀서 지하 주차장 봉고차까지 호송되었는데 나는 봉고차로 호송되면서 경비원 아저씨에게 말했다.

"아저씨들이 어쩔 수 없이 우리를 이렇게 쫓아내고 있지만 이것은 옳은 일이 아닙니다. 이 많은 사람이 예수를 몰라서 지옥 가면 누가 책임지겠습니까? 아저씨들도 예수 믿고 구원받으시길 바랍니다." 하면서 붙잡혀가는 상황 속에서도 복음을 전했다. 그 후로도 두 번씩이나 이렇게 잡혀서 나갔지만 의사와 간호사, 경비 몰래 복음을 전했다. 또 어느 날은 우리가 환자들에게 복음을 전하는 모습을 보고 일하던 한 간호사가 화를 내며 소리 소리를 질렀다.

"전도하지 말라고 했는데 왜 자꾸 전도하러 다니세요?"

이 간호사는 예수를 믿는 사람이었기에 나는 이렇게 말했다.

"간호사님, 소리 지르지 마세요. 환자들이 놀라겠어요. 저희가 전도하지 않으면 이 많은 환자분들을 간호사님이 다 전도하실 건가요? 이 영혼들이 죽어서 지옥 가면 책임지겠습니까? 천국이 반드시 있는데 어떻게 하실 겁니까?"

"왜 나를 가르치려 하세요?"

그 간호사는 음성을 높여 싸우기라도 할 듯 눈을 부라렸다.

금요일 저녁, 철야 기도 시간에 나는 기도문을 작성했다.

'전도를 방해하던 간호사는 전도자가 되어서 전도를 하든지 아니면 다른 곳으로 발령이 나게 해 주세요. 그리고 암센터에서 전도할 때 전도를 막는 사람들이 없게 해 주세요.'

그리고 중보 기도를 부탁했다. 온 교인의 중보 기도로 전도가 쉬워졌고 그 간호사는 딴 곳으로 발령이 났는지 보이지 않게 되었다.

이러한 핍박 속에서도 전도팀이 꾸준히 전도를 했더니 암센터 안에 병원 교회가 세워지고 전도의 문도 열려서 여러 교회에서 많은 전도자가 이곳을 전도하는 전도의 은혜가 임했다.

지금도 죽음 앞에서 예수 십자가 앞에 달린 강도처럼 구원받는 사람들이 참 많이 있다. 강력한 전도팀에 의해서 날마다 죽어 가는 영혼을 구원하였고 6년 동안 예수님을 영접한 성도들이 7,000명이 넘었으며, 2007년도에는 1년에 3,000명 이상 예수님을 영접하게 되었다.

전도를 하다 보면 예수 믿으면서도 전도를 방해하는 사람들을 참 많이 만나게 된다. 또 '저 사람은 절대 안 된다.' 라고 생각하는 사람도 많이 있다. 그러나 전도는 내 생각과 상관없이 성령께서 역사하시면 능치 못함이 없고 우리는 도구일 뿐이며 전도는 성령이 하시기 때문이다. 할렐루야!

허복윤. 잊지 못할 아름다운 성도! 고통 중에서도 끝까지 주님을 전심으로 의지했던 한 젊은 여인의 죽음 앞에서 나는 얼마나 울었는지 모른다. 죽은 사람도 살리시는 하나님을 믿고 기도했는데, 결국은 하늘나라로 가게 되었다.

'하나님, 왜 데리고 가셨어요.'

나는 하나님께 울부짖으며 기도했더니, 하나님께서는 한 생명이 건강을 얻는 것도 중요하지만 그것보다 한 영혼이 구원을 받고 천국 가는 것이 더 중요하다고 말씀하셨다. 우리는 언젠가 다 죽고 예수님을 믿지 않으면 지옥에 가기 때문에, 예수님을 영접한 것이 더 귀한 것이라고 위로해 주셨다. 모든 암환자가 예수님을 영접하고 고난 중에도 참된 평안을 얻으며 구원받았으면 좋겠다.

인생은 아주 짧다. 우리의 인생도 언제 주님이 오라고 하실지 모른다. 일할 수 없는 밤이 속히 오리니 힘써서 일해야 되겠다.

'오늘도 살아서 한 영혼에게라도 복음을 전하게 하시니 감사합니다. 충성스러운 종이 되어서 때를 따라 양식을 나누어 주겠습니다. 아멘.'

국경을 넘어

"이르되 주 예수를 믿으라. 그리하면 너와 네 집이 구원을 얻으리라."(행 16:31)

미국에 사는 딸이 한국에 사시는 어머니를 전도하기 위해 3년 동안 열심히 기도했다. 어머니는 홀로 5남매를 키우면서 고생을 많이 하신 분이셨다.

'어머니가 예수 믿지 않고 지옥 가시면 어떡하지….'

딸은 어머니를 전도하기 위해 간절히 기도했다고 하신다. 그리고 그 딸은 자기 교회에서 부흥 집회가 있을 때마다 한국에서 오신 목사님들께 어머니의 구원을 위해 여러 번 부탁하려고 했지만 생각보다 쉽지 않았다고 하시며 이번만큼은 집회 강사로 한국에서 오신 목사님께 부탁하기로 작정하고 식사 대접을 하면서 용기를 내서 부탁하게 되었다고 하셨다. 그 딸은 목사님께 어머니의 주소, 전화번호와 이름을 적어 드렸고 목사님은 한국에 돌아오시게 되었는데 한국에 와서 주소를 보니 어머니의 집이 아주 먼 거리에 있다는 것을 아시고 누구에게 전도를 부탁해야 할 지 고민하셨다.

'누구에게 전도를 부탁하지?

목사님은 고민하시다가 내가 생각이 나서 전화를 하셨다.

"김 전도사님, 김영례 어머니를 전도해 주세요."

전도를 꾸준히 오래 하다 보니 전도해 달라고 부탁받는 일도 많아졌다. 나는 다른 사람이 전화로 혹은 찾아 와서 전도 부탁을 하면 주님의 부탁으로 알고 최선을 다해 그 일을 감당하였다.

나는 어머니와 전화로 약속한 후, 기도를 하고 집사님 한 분과 함께 먹을 것을 사서 어머니 집으로 찾아가게 되었다. 집은 교회에서 차로 40분 이상을 가는 먼 거리에 있었다. 우리는 집에 도착해서 이야기를 나누었는데 어머니는 내 힘으로는 절대로 전도할 수 없는 강직하고 대쪽 같으신 분이셨고 70년 넘게 절에 다니시어 불심이 강하신 분이셨다. 그러나 열 번 찍어 안 넘어가는 나무가 없다는 심정으로, 일주일이나 이주일에 한 번씩 시간을 정해 찾아가기로 계획을 세웠다. 그리고 날마다 기도하며 지혜를 구했다.

나는 부모님 전도는 어버이날에 하는 것이 최선이라 생각했다. 그래서 어버이날에 속옷과 양말과 먹을 것 등을 준비하여 어머니에게 선물로 드렸다.

"미국에 사는 딸이 멀어서 오지 못하니 저를 어머니 딸이라고 생각하시고, 조그마한 것이지만 받아주세요."

나는 본래 유복자였지만 어머니의 희생으로 아름다운 가정에서 자랄 수 있었다. 이러한 이야기를 함께 나누면서 어머니 역시 일찍 남편을 잃고 고생하며 자녀를 키우신 우리 어머니와 같은 분임을 알게 되었다. 그러면서 서로 대화가 통하고, 마음이 통하게 되었다.

하루는, 내가 전도한 사람 중 한 분이 돌아가셔서 벽제 화장터에 가게 되었는데 나는 그곳에 참석하여 예배를 드리고 나서 권사님 한 분과 함께 그리 멀지 않은 김영례 어머니를 찾아가게 되었다. 그런데 같이 가신 권사님이 옷을 아주 덥게 입고 오셔서, 옷을 사 입지 않고는 견딜 수 없는 상황이었다. 그래서 나는 어머니께 부탁을 드렸다.

"어머니, 이 근처에 옷 싸게 파는 시장이 어딘지 알고 계시면 같이 옷도 사고 식사도 같이해요."

다행히 어머니의 취미가 쇼핑하시는 것이라며 무척 좋아하셨다.

우리는 함께 연신내 시장에 가서 옷과 구두를 샀다. 어머니 덕분에 물건을 싸게 살 수 있었다. 우리는 어머니를 즐겁게 해 드리기 위해 북한산에 가서 냉면도 먹고, 시장도 가고, 차도 같이 타고 다녔더니 금세 친해졌다.

처음엔 우리를 서먹서먹하게 대하셨는데 미국에 살고 있는 딸이 우리에게 어머니를 만나 봐 달라고 부탁해서 온 것이라 했더니, 어머니는 냉정하게 거절하지 못하고 반갑게 맞아 주셨다. 그리고 기도도 같이하고 성경 말씀도 가르쳐 드렸다. 시간이 지나자 어머니는 조금씩 마음의 문을 여셨고 나는 어머니에게 가까운 교회에 나가 신앙생활을 하시라고 권했다. 그러나 어머니는 우리 교회가 멀긴 하지만 꼭 우리 교회로 나오시겠다고 하시며 교회에 나오실 것을 약속하셨다.

어머니의 집은 교회 차가 운행되지 않는 곳이었기 때문에, 구파발까지 매주 모시러 가는 것은 보통 일이 아니었다.

'하나님! 이 어머니를 잘 모시고 올 수 있도록 도와주세요.'

성령께 맡기고 기도했더니, 나와 같이 전도를 갔던 집사님 남편이 차량 봉사를 해 주겠다고 했다. '얼마나 감사했던지…' 미국에 있는 딸이 어머니 전도를 위해서 간절히 기도했기에 순조롭게 모든 일이 잘 이루어지면서 어머니를 전도할 수 있었다.

그런데 집사님 차로 어머니를 세 번 정도 모시고 다녔을 때쯤, 어머니는 이제 혼자 버스를 타고 교회에 갈 테니 먼 곳까지 데리러 오지 않아도 된다고 하셨다. 하나님께서는 감당 못할 일이 있으면 피하게 하시고 도와주시는데, 나는 미리 걱정했던 것 같다. 아무튼 주일마다 버스를 타고 교회에 열심히 다니시는 모습에 얼마나 감사한 마음이 들었는지 모른다.

추수감사절이 다가왔을 때, 나는 어머니를 위해 기도했다.

'하나님, 이번에 꼭 어머니가 세례를 받았으면 좋겠어요.'

그리고 어머니에게 말씀드렸다.

"어머니, 이번에 세례 받으세요."

어머니는 천천히 받겠다고 하셨다. 할 수 없이 '하나님 아버지, 꼭 이번에 받을 수 있도록 도와주세요.' 라고 다시 기도하면서 모든 것을 성령께 맡겼다.

그런데 뜻밖에 일이 생겼다. 예수를 믿기 전에는 한 번도 다친 적이 없던 아들이 다쳤다고 걱정을 하시며 교회를 잠시 쉬어야겠다고 하시는 것이었다. 마귀가 예수를 믿지 못하게 심방을 한 것이었다.

"어머니, 마귀는 이빨 빠진 호랑이예요. 겁만 주는 것이지, 기도하면 귀신도 떠나가고 건강, 사업도 회복되고 모든 일이 잘 이루어져요. 하나님께서는 우리를 승리하게 하시는 분이세요. 제가 매일 기도해 드릴 테니 염려하지 마시고, 살아 계신 하나님을 믿고 의지하세요. 꼭 좋은 일이 생길 거예요." 하고 전화로 자주 기도를 해 드렸다.

다행히 하나님의 은혜로 어머니의 아들은 건강을 회복했고 회사도 다니게 되어, 나는 어머니와의 관계를 지속할 수 있었다. 마귀는 우는 사자처럼 믿는 자를 넘어뜨리려고 호시탐탐 엿보고 있었는데 하나님께서는 우리를 영적 전쟁에서 승리하게 하셨다. 만약 내가 어머니를 말씀과 기도로 도와주지 않았다면, 예수 믿는 것을 포기하셨을 수도 있었을 것이다. 나는 마귀보다 더 빨리 양을 돌보고 지켜주어야겠다는 생각이 들었다. 이러한 어려움 때문에 더 열심히 기도했더니 성령께서 친히 도와주셨다.

또한 기적 같은 일이 일어났다. 나는 미국에 사는 딸이 한국에 와서 어머니가 세례를 받을 수 있도록 도와주었으면 하는 생각을 하고 있었는데, 갑자기 그 딸이 한국에 온다는 것이었다. 세탁소를 운영하던 딸이 한국에서 보름간 체류한다는 것은 쉽지 않은 일이었다.

토요일 날, 하나님의 은혜로 그 딸은 한국에 왔고 약속이나 한 것처럼 전화로 아주 반갑게 이야기를 나누었다.

"내일 어머니가 세례를 받으셨으면 좋겠어요. 꼭 어머니 모시고 오세요."

"알겠어요, 전도사님."

세례식이 있는 주일날, 딸은 어머니를 모시고 주일 예배에 참석했다. 그리고 저녁 예배 때 세례식을 받으실 수 있도록 어머니와 함께 있어 주셨으며 관리 집사님에게 양해를 구하고, 집사님이 쓰시던 5층 선교관 방을 빌려서 어머니를 저녁 예배시간까지 쉬게 하셨다.

"집사님, 그 사랑에 감사드려요."

한 영혼을 위해 여러 사람이 기도하고 헌신함으로 지옥 갈 영혼을 천국으로 인도한 것이다. 하나님께서는 자기 사람을 사랑하시되 끝까지 사랑하셨다. 사랑과 관심은 전도의 도구이다. 할렐루야!

3년 동안 미국교회의 모든 성도가 어머니를 전도하기 위해 중보기도를 했는데, 어머니가 세례받으시는 전날 그 딸이 한국에 와서 세례받는 그 모습을 직접 보게 된 것이 얼마나 감동적이고 눈물 나는 순간이었는지 모른다.

'전적인 성령의 도움으로, 아름다운 세례식을 주신 하나님을 찬양합니다.'

한 영혼이 천하보다 귀하다고 하신 하나님의 사랑을 느끼게 하셨다.

한 영혼을 소중하게 여길 때 하나님께서는 많은 영혼을 붙여 주셨다.
"예수께서 이르시되 나를 따라오라. 내가 너희로 사람을 낚는 어부가
되게 하리라 하시니"(막 1:17) 전도는 하는 것이 아니라 되어지는 것이다.
그것은 오직 성령의 도우심으로만 가능하다.

말 못해도 전도는 돼요

2002년 가을, 목요전도팀에서 함께 전도하는 한 집사님이 몸이 아프서서 병원에 입원하게 되셨다. 그리고 집사님은 그 병원에서 외국인 근로자 콴유를 만나게 되었는데 그 자매는 허리 디스크로 일을 하지 못해 무척 어려움을 겪고 있었다. 그래서 우리는 그 자매를 만나서 허리 보호대를 사 주고 돌아왔다.

그 자매는 한국말을 태국인 중에서 가장 잘하는 친구였다. 말이 잘 통하지는 않았지만 기본적인 대화는 조금 할 수 있었다. 나는 그림으로 된 사영리 「행복의 길」이라는 책으로 복음을 제시하며 주님을 영접시키고 아픈 곳을 위해 함께 기도했다. 그리고 콴유에게 교회에 나오라고 했더니 콴유는 즉시 교회에 나왔다.

우리는 일주일에 한 번씩 매주 금요일마다 그 집에 찾아가서 도울 수 있는 일들은 힘껏 도왔다. 콴유의 집은 방바닥에 바퀴벌레들이 수도 없이 기어다닐 정도로 무척 지저분했다. 얼마나 더러운지 이 땅에 태어나서 그런 집은 처음 볼 정도였다. 나는 바퀴벌레를 열 마리나 잡고 나서 '하나님, 바퀴벌레를 없애게 해 주세요.' 라고 기도했는데 하나님께서는 내가 바퀴벌레약을 가져와서 뿌려 주라고 하시는 것 같았다. 그래서 바퀴벌레약을 구하기 위해 교회에 광고했더니 어떤 집사님의 도움으로 아주 독한 바퀴벌레약을 구할 수 있었다.

그날부터 나는 바퀴벌레를 잡는 전도사가 되었다. 그런데 신기하게도, 태국 자매들이 교회를 다니고 그 집에 복음이 들어간 뒤로부터는 바퀴벌레가 없어지고 집도 깨끗해졌으며 그들의 삶도 풍성해지기 시작했다. 귀신이 역사 하는 곳은 지저분하고 소망이 없다는 것을 보았다.

한 자매를 통해 많은 태국인을 알게 되면서, 복음이 점점 왕성하게 전파되기 시작했다. 매주 시간을 정하여 공장을 돌고 가정집을 심방했더니 그들과 금방 친한 사이가 되어 종종 음식도 같이 먹기도 했다.

이렇게 태국 자매들과 친하게 지내고 있을 무렵, 콴유가 또 다시 허리가 아파서 수술을 해야 할 상황이 되었다. 그러나 종합병원에서 수술하려면 보험이 되지 않아 천만 원의 수술비가 필요한데, 우리에게는 그만한 돈이 없었다. 할 수 없이 예전에 우리 아들이 입원했던 개인 정형외과를 찾아가 진료를 받고 상담을 해 보았다. 그러나 이 병원에서도 수술비가 천만 원 정도 든다는 이야기를 듣고, 한숨이 나왔다. 콴유를 데리고 집으로 돌아오는 길은 너무도 멀게 느껴졌고, 마음이 아팠다. 이국 타향에 와서 허리 디스크 때문에 돈도 못 벌고, 돈이 없어 수술도 못하고, 본국으로 돌아가지도 못하는 콴유가 힘들어 보였다.

나는 기도를 시작했다.

'하나님, 도와주세요. 불쌍히 여겨주세요. 주님을 믿기로 작정한 콴유에게 하나님의 능력을 보여 주세요.'

첫번째 복음의 씨앗, 태국인 근로자 콴유(왼쪽에서 두 번째)와 함께

그리고 나서 나는 정형외과를 찾아가 의사 선생님에게 말도 안 되는 부탁을 했다.

"콴유라는 외국인 근로자가 있는데 돈이 없어서 수술을 못 하고 있어요. 수술을 꼭 해야 하는데 수술비 좀 깎아주세요."

내 말을 들은 의사 선생님은 이리저리 계산을 해 보시더니 육백만 원에 수술을 해 줄 수 있다고 말씀하셨다. 나는 날아갈 듯 기뻐 뛰며 콴유에게 한숨에 달려갔다. 그러나 그 기쁨도 잠시, 아무리 계산을 해 봐도 여전히 수술비는 부족했다. 그때 콴유가 가지고 있던 돈은 이백만 원뿐이었다.

그렇게 며칠이 지나고 병원에서 한 통의 전화가 왔다. 연세정형외과에서 병원 이전 기념으로 콴유의 수술을 무료로 해 주신다는 것이다. 희망이 보이기 시작했다. 나는 바로 콴유에게 전화를 걸어, 이 소식을 전해 주었는데 콴유는 큰 병원에서 수술을 하고 싶다고 했다. 얼마나 수술받는 것이 불안했으면 무료 수술을 거부하면서까지 큰 병원에서 수술을 하고 싶다고 했을까! 나는 콴유의 마음을 이해하면서도 집으로 가는 발걸음은 무겁기만 했다.

약 한 달이 지났을 무렵, 콴유는 도저히 수술을 하지 않고는 견딜 수 없는 상태가 되었다. 나는 하나님의 도우심을 바라는 기도를 하며 다음 날 종합병원에 콴유를 입원시켰다. 그리고 이리저리 뛰어다니며 병원비를 깎아보려고 했다. 원무과에서는 이런 나의 모습이 안쓰러웠는지 의사들이 어려운 사람들을 돕는다는 명목으로 모아놓은 돈이 있다고 알려 주었고 또 어떤 원무과 직원은 노동조합에서도 도움을 받을 수 있다고 귀띔해 주었다.

드디어 수술하는 날이 되었다. 수술실로 들어가는 콴유를 붙들고 난 기도했다.

"하나님, 긍휼을 베풀어 주세요. 콴유를 불쌍히 여기시고 그가 처한 이 모든 상황을 주님께서 어루만져 주세요."

복도에서 한참을 기다리고 있었는데, 저쪽에서 수술이 끝난 콴유의 모습이 보였다.

'하나님! 감사합니다! 감사합니다!

무에서 유를 창조하시는 하나님의 도우심으로, 모든 일들이 순조롭게 해결되었고 수술도 잘 되었다. 병원비는 하나님께서 도와주셔서 원무과 직원이 이야기해 준 대로 여기저기 도움을 받아 삼백만 원으로 수술을 할 수 있었다.

콴유가 수술을 마치고 집에서 요양하고 있을 때, 태국인들은 콴유의 도움을 받기 위해 콴유의 집에 자주 오곤 했다. 태국인들이 한국말을 잘 못하기 때문에 콴유가 그 사람들을 도와주고 있었던 것이다. 한국말을 잘하는 콴유는 통역사가 되어서 많은 태국인들을 돌보고 있었다. 그래서인지 콴유를 아는 사람이 많았고 콴유를 만나기 위해 콴유의 집에 병문안도 많이 왔다.

그리고 놀랍게도 콴유의 집에 오는 사람마다 베데스다 연못처럼 예수를 영접하고 하나님을 믿는 일들이 일어나면서 콴유의 집은 작은 교회가 되었다. 그리고 그 후로는 수많은 사람들이 이 집을 통해 하나님을 알게 되었다.

한 사람을 불쌍히 여기며 끝까지 도와주고 기도했더니 겨자씨 한 알이 자라서 큰 나무가 되듯이 수많은 사람이 복음을 듣게 되었다. 그리고 외국인 근로자들에 대한 눈이 열려서 12개국 사람들을 전도하고 제자로 세우는 역사가 예수 이름으로 일어났다.

그러나 아무리 그들에게 도움을 준다 해도 말을 몰라 양육할 수 없음을, 하나님께 안타까운 심정으로 기도하기 시작했다.

'하나님, 이 외국인들을 양육해서 제자로 키워야 하는데 말이 통하지 않아서 할 수 없어요. 이들이 언제 자기 나라로 돌아갈지 모르는데 이들을 양육할 수 있는 선교사님을 보내 주세요.'

계속 기도하던 중, 교회 집사님이 자기 딸 친구 엄마가 태국에서 선교사로 있다가 왔다며 "지금은 쉬고 계신데요. 제가 말해 볼 테니 한번 만나 보실래요?" 하시며 친구 엄마를 소개해 주었다. 그분은 남편과 평신도 선교사로 태국에서 사역하다가 하나님의 부르심을 받고, 한국에 나와 계신 황경희 선교사님이셨다. 황 선교사님은 양육의 전문가이셔서 말씀을 정말 잘 가르치셨다. 성령이 하나님의 때에 만남의 복을 주신 것이다. 한 영혼을 천하보다 귀하게 여기시는 하나님께서 역사 하신 것이다.

그 후 거룩한빛광성교회에서는 태국인 전문 예배가 정성진 담임 목사님의 도움과 김승태 장로님의 도움으로 세워지고 박영우 장로님과 김옥현 장로님의 도움으로 긍휼사역팀이 만들어졌다. 우리는 그들을 구제하면서 예배와 양육을 병행하게 되었다.

그중 재활용으로 긍휼사역도 하게 되었다. 우리는 가전제품을 새것으로 바꾸는 주민들에게 버릴 것 중에 쓸 만한 것을 달라고 하여 교회 뒤편에 쌓아 놓고, 입지 않아 버리는 옷들은 우리 집에 모아 놓고 필요한 외국인 근로자에게 나누어 주었다. 여기저기 옷들을 쌓아 놓았더니 온 집안에 퀴퀴한 냄새가 없어질 날이 없었고, 인기 좋은 중고 컴퓨터와 세탁기는 물량이 부족할 정도였다. 크리스마스 때에는 담임 목사님의 제안으로 성도들이 한 가지씩 선물을 준비하여 외국인 근로자에게 선물하는 파티도, 전도의 한 방편으로 진행되었다.

황 선교사님 부부는 브리스길라와 아굴라 같으신 분들로, 밤마다 태국 자매들의 집에 찾아가 성경을 가르치셨다. 함께 외국인들을 양육하고 세우는 과정 속에서 우리는 교회가 없는 태국 지역에 100개의 교회를 세우라는 비전을 받았다. 주로 시골에서 온 근로자들은 이곳에서 예수를 믿어도 돌아가서 다닐 교회가 없었다. 또 태국인들이 여기서 돈을 벌면 대부분 그 돈으로 땅을 사기 때문에 그들이 헌신만 되면 교회를 짓는 일은 어렵지 않았다. 몇 년 전부터 태국인들이 하나둘씩 목사, 선교사, 주일학교 사역자가 될 비전을 품고 태국으로 돌아가고 있다.

하루는 태국인들을 전도하면서 이런 생각이 들었다.

'태국인 전도 집회를 하면 한 번에 많은 태국 사람들을 전도할 수 있을 텐데….'

그래서 나는 바로 황 선교사님께 전도 집회를 해 보자고 제안을 했다. 황 선교사님은 어디서 하는 것이 좋을지 생각해 보시더니, 덕이동 월마트 앞에서 해야 태국인들이 잘 찾아올 수 있을 것 같다며 도시가스 강당을 빌려서 하자고 제안을 하셨다. 그래서 우리는 전도 장소를 섭외하러 갔는데 그곳에서는 그 장소를 빌려 줄 수 없다며 거절하였다.

우리는 할 수 없이 또 다른 장소를 구하기 위해 열심히 기도했다. 그러던 중에 갑자기 정성진 담임 목사님께서 경기케이블에 많이 나오신 것이 생각이 났다. 그래서 담임 목사님께 부탁했더니, 어디엔가 전화를 해 주시며 △△를 찾아가 보라고 말씀하셨다. 우리는 다행히 그 장소를 빌리는데 허락을 받았다. 하나님께서 도와주셔서 장소 문제는 해결되었지만, 이젠 선물이 문제였다. 그래서 우리는 또 기도를 시작했다. 그러던 중 황 선교사님이 △△회사에 전화해서 부탁해 보시겠다고 하셨는데 그곳에서는 자기들에게 전도지를 보내 주면 그것을 넣어 포장까지 해서 선물을 보내 주겠다고 했다. 할렐루야!

우리는 많은 선물을 종류대로 받아 전도 집회를 무사히 마칠 수 있었다. 또한 하나님께서는 태국의 유명한 목사님과 탁월한 찬양 인도자를 보내 주셔서 멋지게 전도 집회를 하게 하셨고, 그날에 300명의 태국인이 예수 그리스도를 나의 구주로 영접하고 결신하는 성령의 놀라운 역사가 일어났다.

죠지 물러가 보육원 아이들에게 먹일 것이 없어서 기도했더니, 빵을 싣고 가던 차가 보육원 앞에서 고장이 나서 우유와 빵을 먹일 수 있게 됐다는 이야기처럼 나그네를 사랑하시는 하나님께 이들에게 복음을 전하고 싶은 마음을 갖고 구했더니 필요한 모든 것을 채워 주셨다.

복음을 전하는 발이 아름답다고 하신 말씀처럼 기도와 눈물, 땀과 사랑, 발과 손이 함께 노력해서 아름다운 열매를 맺게 하셨다. 일하기 싫어하는 자는 먹지도 말라고 하신 것처럼, 전하지 아니하고 일하지 아니하면 그 기쁨을 맛볼 수 없다.

'사도행전의 역사를 눈으로 보면서 하나님을 찬양합니다.'

그러던 어느 날, 태국인들을 열심히 전도하고 그들을 위해 기도하던 중에 나는 태국에 직접 가 보고 싶은 마음이 들었다.

그래서 나는 기도했다.

'하나님, 태국 땅을 밟고 싶어요. 보내 주세요.'

하나님께서는 하나님의 때에 거룩한빛광성교회를 떠나라고 하셔서 나는 아브라함처럼 갈 바를 알지 못하고 담임 목사님께 사임을 말씀드렸다. 나는 여러 가지로, 이 교회를 떠나는 것이 싫었지만 말씀에 의지하여 순종하기로 했다

거룩한빛광성교회를 사임하는 주일 다음날, 하나님께서는 내가 태국으로 갈 수 있도록 도와주셨다. 태국 선교 여행비도 성도들의 도움으로 준비해 주셨다. 놀라웠다. 그러나 떠나기 바로 전날, 나는 태국에 갈 수 없을 정도로 배가 아팠다. 그러나 죽으면 죽으리라는 각오로 약을 먹고 가기로 했다.

황 선교사님은 나에게 이런 말씀을 하셨다.

"태국에 도착하면 아프지 않을 겁니다. 사탄이 방해해서 그래요."

그런데 정말 신기하게도 태국 공항에 도착하자마자 아프던 배가 깨끗이 나았다. 배가 아팠기에 오히려 더 열심히 하나님께 기도할 수 있었

다. 늘 깨어서 기도하라고 고통을 주시는 것이었다. 태국 땅을 밟으면서 땅 밟기 기도와 제자 양육을 한다는 것을 사탄이 알고 방해한 것이다.

방콕에 도착하여 여러 곳을 돌아보았다. 태국 사명자들을 만나 그들을 양육하고 교제하며, 땅 밟기 기도와 전도 여행을 했다. 태국 날씨는 더웠고 거리와 상가에는 온통 불상이 가득했으며 교회는 찾아보기 어려웠다. 앞이 캄캄한 이 땅을 바라보면서 수많은 영혼이 너무 불쌍하게 느껴져서 나는 눈물을 흘리며 기도했다.

'주님, 이 땅에 그리스도의 복음이 전파되어 보혈의 피가 흐르기를 원합니다.'

태국 불교 사원에는 수많은 관광객이 몰려 왔고, 그 수입은 엄청나 보였다. 금으로 불상을 만들어 놓고 절을 하는 사람들도 무척 많았다. 전파하지 않으면 어찌 들으리오. 나는 이러한 모습을 직접 눈으로 보고, 한국에 온 태국인 근로자들에게 복음을 전하는 것이 매우 중요한 일이라는 것을 다시 한번 깨달았다.

우리가 한국에서 양육하여 본국으로 돌려보낸 태국인들 대부분이 여전히 지금도 하나님을 잘 믿으며 생활하고 있다. 신학교를 가기로 한 뿌는 태국 마약중독센터에서 일하고 있고, 알리 자매는 유치원 선생님이 되어 즐겁게 일하고 있다. 또 깐야와 싸네 부부는 태국교회에서 예배를 드릴 때마다 드럼과 기타로 찬양을 인도하며 공부를 하고 있다.

뿌와 알리는 냄새 나는 쓰레기 공장에서 젊은 나이에 고생을 많이 했

태국인 세례식

던 부부였다. 황 선교사님과 나는 이 부부를 매주 찾아가 성경을 가르쳤는데, 그 결과 이들은 주님을 뜨겁게 만났고 예수님의 제자가 되어 불법 체류가 죄인 줄 알고 스스로 본국으로 돌아갔다.

참 놀라운 사실이었다. 황무지에서 꽃이 핀 것이다. 일평생 한 사람만 제대로 전도해도 얼마나 큰일을 하는 것인가 하는 것을 깨달았다. 알리와 뿌 부부가 세계적인 전도자가 되어 쓰임 받았으면 좋겠다.

우리나라는 복음에 빚진 나라이다. 하나님께서는 복음을 듣게 하시려고 많은 외국인 근로자들을 우리나라에 보내고 계신다. 그래서 한국 교회는 외국인 근로자들을 위해 기도하고 복음을 전해야 하는 의무를 갖고 있다.

나는 하나님의 그 크신 사랑을 세상에 흘려보내는 축복의 통로가 되고 싶다. 말은 못해도 복음은 분명히 전해진다는 것을 외국인 전도를 통해 알게 되었다. 우리는 도구에 불구한 것이며, 전도는 성령의 능력으로 하는 것이다.

'나를 사용해 주시는 하나님을 찬양합니다. 주님의 기쁨이 되고 싶습니다. 아멘.'

어머니의 눈물

　23세의 아가씨, 김지연 전도. 눈물로 세월을 보내는 어머니를 만났다. 어쩌면 눈에서 눈물이 옹달샘처럼 그렇게 흐를 수 있을까! 어머니의 자식에 대한 사랑을 누가 감히 막을 수 있을까!

　'내가 죽어서라도 너를 살릴 수만 있다면….'

　자신이 죽겠다고 우시는 지연이 어머니를 나는 잊을 수가 없다. 하나님께서는 그 어머니의 눈물을 보시고 우리를 보내셔서 전도할 수 있도록 인도하셨나 보다. 지연이는 유방암으로 온몸이 부어 있었고 산소 호흡기를 하고 있었다. 어머니는 딸을 살리기 위해 암센터 앞에 월세 방을 얻어서 생활하고 있었다. 언니가 동생을 사랑하는 마음 또한 대단했다. 온 가족이 우리 동생만 살려 준다면 무엇이든지 시키는 대로 다 하겠다고 하였다.

　지연이가 숨을 잘 쉬지 못하는 그 고통은 매우 커 보였고 의사 선생님은 지연이가 한 달도 채 못살 것이라고 말씀하셨다.

　전도팀은 병원에 가서 지연이와 함께 예배를 드렸다. 그리고 그 후에도 지속적으로 가서 기도를 해 주었다. 그랬더니 다행히도 산소 호흡기를 떼고 건강이 조금씩 좋아지기 시작했다. 그래서 우리는 매우 감사하고 즐거웠다. 지연이는 마침내 예수님을 영접하고 교회에서 세례를 받았고 온 가족도 하나님을 믿고 교회에 다니게 되었다.

하나님께서는 예배하는 지연이의 모습을 보시고 생명을 7개월 이상 연장해 주셨지만 완전히 치유되지 못해 병원에 다시 입원하게 되었고 결국은 회복되지 못한 채 하늘나라로 갔다.

지연이가 죽고 나서, 우리는 지연이의 가족들이 이 일로 예수를 포기하면 어쩌나 하는 걱정이 되었다. 그래서 나는 '지연이는 비록 하늘나라에 갔지만 가족들이 예수를 떠나지 않게 해 주세요.' 라고 기도했다. 딸이 죽으면 우리 모두 자살하겠다고 하셨던 어머니의 말씀이 우리의 마음을 무척 불안하게 하였기 때문이었다.

우리는 기도했다.

'하나님의 살아 계심과 천국이 있음을 알게 해 주세요.'

지연이의 임종 예배를 암센터 병실에서 드렸는데 장례식은 부산에서 치러야 할 것 같다고 하시며 그곳으로 내려갔다. 그리고 부산에 있는 병원에서 지연이의 장례식이 있었는데 부목사님이 부산 장례식장까지 가셔서 그 가족들을 위로해 주셨다.

하나님께서는 자기 사람을 사랑하시되 끝까지 사랑하시는 분이시다. 죽음 앞에서 온 가족의 슬픔을 거두어 주시고 위로해 주시는 하나님이셨다. 지연이가 편하게 숨을 거둘 수 있게 하시고 장례 예배 가운데 환상을 보게 하셨다. 지연이 언니는 장례 예배를 드리고 있을 때, 지연이가 하얀 말을 타고 흰 옷을 입고 머리에는 면류관을 쓰고 허리에는 금띠를 두르고 천사들의 호위 속에 손을 흔들며 하늘로 올라가는 모습을 보았다고 한다. 또 그 모습이 얼마나 아름답고 얼굴에는 빛이 나던지 정말 아름다웠다고 했다.

지연이는 한 알의 밀알이 되어 그 가정에 복음을 전했다. 전에는 일가친척 모두가 예수 믿는 사람이 하나도 없었는데 지연이의 소천과 아름다운 장례와 환상을 보면서 온 가족뿐만 아니라 일가친척도 예수를 믿게 되었다.

젊은 나이에 지연이는 하늘나라로 갔지만 복음의 불씨로 쓰임 받게 하시고 이후에 천국에서 다시 만날 날을 기대할 수 있는 영광을 주신 하나님의 은혜에 감사를 드린다. "눈물을 흘리며 씨를 뿌리는 자는 기쁨으로 거두리로다."(시 126:5)라고 하신 그 말씀이 어찌 그리 아름다운지요.

장례식이 끝나고 부산에서 지연이의 부모님이 올라오셨다. 그리고 전도해 주시고 양육해 주시고, 끝까지 돌보아 주셔서 감사하다며 전도팀에게 점심을 사 주셨다. 탕수육과 자장면을 먹었는데 너무 맛이 있었다. 그렇게 슬픔 속에서 눈물을 흘리며 힘들게 사셨던 그 모습은 온데간데없고, 지연이의 부모님의 모습에서는 기쁨과 평안이 넘치고 있었다. 그리고 하나님께서 비전을 주셨다며 지연이가 하나님께 하지 못한 일들을 자기들이 열심히 하겠다고 다짐하는 모습이 참으로 아름다웠다. 하나님께서는 나에게도 전도의 기쁨을 맛보게 해 주셨다.

'할렐루야! 온 가족이 주님의 기쁨이 되길 소망합니다. 아멘.'

무시당한 분노

거룩한빛광성교회에서는 일주일에 한 번씩 노숙자분들에게 작은 도움이 되고자 1,000원씩을 나누어 드리는 일을 하고 있었다. 어느 날 노숙자분들이 돈 1,000원씩을 받고 돌아가는 그 뒷모습을 보고 나는 참으로 불쌍한 생각이 들었다.

'이 땅에서 저렇게 어렵게 고생하고 살았는데, 죽어서도 지옥 가면 이보다 더 억울한 일이 어디 있겠는가!

긍휼한 마음이 생기면서 이들에게 예배를 드리고 돈 주는 일을 전도팀에서 맡아 하겠다고 하였다.

전도팀에서는 용기를 내서 100명이 넘는 노숙자분들과 소 예배실에서 찬송과 특송을 하며 복음을 제시하고 예수님을 영접시켰다. 그리고 간단하게 예배도 드렸다. 남루한 옷을 입은 그분들의 얼굴에는 웃음이 없었지만 예수님의 마음처럼 우리 전도팀은 그분들에게 조금씩 다가갔다. 또 이들을 섬기는 모습을 보시고 이 권사님이 빵과 우유, 요구르트를 사 주시며 격려를 많이 해 주셨다. 하나님께서 이 예배를 기쁘게 받으셨는지 돈과 먹을 것을 끊이지 않고 주셨다.

우리는 노숙자분들 중에 한 분을 반장으로 뽑아서 돈을 나누어 주는 일을 시켰다. 우리가 돈을 나누어 드릴 때는 거짓말을 하면서 두 번씩 돈을 받아 가는 사람이 있었는데 반장이 직접 나누어 주니까 서로 얼굴을 잘 알아서인지 거짓말을 하는 사람이 없었다.

또 우리가 먼저 이분들을 인격적으로 대하고 인사도 하고 섬겨 드렸더니, 이분들도 우리에게 인사해 주시며 '어떻게 지내는지, 건강은 어떤지' 하는 안부를 물어 주셨다. 나에게는 6개월 정도 함께 예배를 드리며 이들을 섬기는 일은 참으로 보람된 시간이었다.

어느 주일 저녁 예배 때, 노숙자 한 분이 술을 드시고 교회에 오셨다. 나는 이분에게 새 가족 영접실에서 예배를 드리시라고 안내해드렸다. 이 노숙자분이 술을 드시긴 하셨지만, 예배에 오셨다는 것에 감사한 마음이 들었다.

그런데 이 노숙자분이 예배를 드리다가 피곤했는지 그곳에서 주무시고 계셨는데 예배가 끝나자 한 집사님이 올라오시더니 화를 내며 그분에게 말씀하셨다.

"아저씨! 예배 끝났으니 빨리 일어나 가세요! 여기가 어디라고 주무세요!"

집사님도 예배가 끝나서 많은 성도가 밖으로 나가니까 급한 나머지 앞뒤 생각 없이 말씀을 하신 것 같았다. 아무튼 자다가 깨어난 이 노숙자분은 무척 화가 나서 너 죽고 나 죽고 해 보자며 소란을 피우셨다. 나는 옆에서 보고 있다가 도저히 안 되겠다는 생각이 들어 그 집사님을 대신하여 사과하고 이분이 화가 난 이유를 들어 주었다. 그리고 나는 이 노숙자분을 위해 간절히 기도해 드렸다.

감사하게도 성령께서 도와주셔서, 이분의 강퍅한 마음이 눈 녹듯이 녹고 순한 양으로 변하셨다. 기도를 받을 때도 로비 바닥에 무릎을 꿇고 기도하는 모습이 무척 감동이었다.

"제가 전철역까지 모셔다 드릴게요. 그리고 얼마 안 되지만 이거 차비하세요."

나는 이 노숙자분에게 차비하라고 만 원을 드렸더니 괜찮다고 하시며 받지 않으셨다.

"아저씨, 제 마음에서 우러나와서 드리는 것이니 꼭 받아 주세요."

이분은 절대 안 받으시겠다고 하셨지만 나는 억지로 주머니에 넣어 드렸다.

나는 이 일을 통해 어떠한 사람이든지 인격적으로 대하고 그 영혼을 불쌍히 여기는 마음으로 섬기면 상대도 사랑을 느껴서 서로 감정이 통한다는 것을 깨달았다. 사람은 다른 사람에게 무시당할 때 가장 화가 나는 것 같다. 한 생명이 천하보다 귀하다는 것을 잊지 말아야겠다.

나 교회에 다녀요

봄의 향기가 물씬 풍기던 2004년 어느 봄. 전도팀이 상가에 노방 전도를 나갔다가 베트남 자매 장미를 만났다. 그날 장미의 아들이 몸이 아파서 동원 소아과에 진료를 받으러 왔다가 알게 되었는데 우리는 장미에게 복음을 전하고 예수님을 영접시켰다. 서연이 권사님은 장미를 주일 오전 예배부터 저녁 예배까지 모두 참석시키셨으며 시장도 같이 가주고 병원에도 차를 태워서 데리고 다니시며 정성을 쏟으셨다.

또한 우리는 장미 남편을 전도하기 위해 집에 갔었는데, 남편은 우리에게 아무런 관심을 보이지 않았다. 그러나 장미 남편은 장미가 교회를 다니도록 허락해 주었고 우리는 장미 남편을 전도하기 위해 날마다 기도하고 또 자주 찾아가서 한 번만 교회에 오시라고 말씀드렸다. 우리가 부인과 아이를 정성으로 돌보는 모습을 보고 마음에 감동이 되었는지, 장미의 남편은 교회에 나오게 되었다. 그리고 얼마나 성실한지 웬만하면 교회에 빠지지 않고 열심히 주일 성수를 하였다.

나는 이들을 돌보면서 베트남 사람들에게 눈과 마음과 관심이 가게 되었고, 베트남 사람들이 일하는 공장으로 매주 전도를 나가게 되었다. 현장에서 복음을 전하여 영접시키고 우리 교회에 초청하여 베트남 예배가 생겼다.

장미 남편은 세례를 받았고, 장미의 아들도 유아 세례를 받았다. 장미 부부는 한국에 와서 아이를 낳았는데 주변에서 도와주는 사람이 없어서 고생을 많이 했다고 한다. 또 수술을 해서 아이를 낳았는데 하혈을 해서 고생한데다 병원비도 무척 비쌌다고 했다.

우리는 이 이야기를 듣고, 주변에 임신한 사람이 있으면 도와줄 테니 알려 달라고 했다. 그리고는 우리 교회에 나오시는 동원산부인과 김상현 원장님에게 말씀드렸더니, 특별히 베트남 사람들이 출산하면 혜택을 주시겠다고 약속하셨다. 다행히 이분의 도움으로, 임신한 베트남 여성은 이곳에서 출산하게 되었고 동원산부인과 병원에서 출산한 베트남 아이가 무려 20명이나 되었다. 또 출산한 후 산후조리팀을 만들어 성도들이 매주 한 번씩 돌아가며 아이 목욕과 집 청소, 국을 끓여 주는 봉사를 하는 산후도우미봉사팀을 만들었다.

우리는 그들을 3-4주 동안 돌보면서 베트남 사람들의 마음이 열리도록 돕고, 말씀과 기도로 양육하며 몸과 물질로 봉사하면서 선교했다. 이를 계기로 아내와 남편, 아이까지 전도되었고 베트남 선교의 문이 열리게 되었다. 그리고 정성진 담임 목사님은 출산한 베트남 아이가 처음 교회에 나오면 강대상에서 아이를 안고 축복하며 헌아 기도를 해주셨다.

이들이 베트남의 디모데로 양육되어서, 베트남을 전도하는 하나님의 일꾼이 되기를 기대한다. 한 사람을 통하여 한 나라를 위해 기도하게 되었고 수많은 사람을 전도하게 되었다. 내가 전도하면서 느낀 것은, 세상 사람들이 돌보지 않는 약하고, 지치고, 힘들고, 병들고, 어려운 사람들 가운데에도 하나님께서 선택하신 다이아몬드 보석처럼 귀한 영혼이 있다는 것이다. 나는 어린아이부터 노인들까지 빈부귀천을 가리지 않고 소외되고 힘든 사람, 중병에 걸린 사람을 찾아간다.

"그 때에 임금이 그 오른편에 있는 자들에게 이르시되 내 아버지께 복 받은 자들이여 나아와 창세로부터 너희를 위하여 예비된 나라를 상속받으라. 내가 주릴 때에 너희가 먹을 것을 주었고 목마를 때에 마시게 하였고 나그네 되었을 때에 영접하였고 헐벗었을 때에 옷을 입혔고 병들었을 때에 돌보았고 옥에 갇혔을 때에 와서 보았느니라."(마 25:34-36) "이에 임금이 대답하여 이르시되 내가 진실로 너희에게 이르노니 이 지극히 작은 자 하나에게 하지 아니한 것이 곧 내게 하지 아니한 것이라 하시리니 그들은 영벌에, 의인들은 영생에 들어가리라 하시니라."(마 20:45-46)라고 하신 말씀이 생각이 난다.

하늘나라 보물찾기를 하는 것이 전도요, 알밤을 줍는 것이 전도가 아닌가 생각해 본다. 고아와 과부와 나그네를 잘 섬기는 것은 하나님의 축복이다. 우리에게 붙여 주신 천사를 잘 섬겨서 전도의 많은 열매가 있었으면 좋겠다.

나는 '하나님! 베트남에 교회를 세우고 전도할 씨앗입니다. 장미 부부, 난이 부부를 축복해 주세요.' 라고 늘 기도했는데, 하루는 장미가 일하다가 불법체류자 단속에 걸렸다는 소식을 듣게 되었다.

그때 장미는 "하나님, 도와주세요!"라고 외치며 "아저씨, 저는 손도 다치고 아이도 출산하느라 일을 많이 못 했고, 또 교회에 다니고 있어요. 도와주세요!" 하고 담대하게 말했다고 한다. 정말 하나님께서 역사하셨는지 14명이 잡혀갔는데 장미는 그중에서 풀려나와 계속 일할 기회를 얻게 되었고 지금은 날마다 잠자기 전에 기도하고 아침에 일어나서 기도한다고 했다.

많은 사람이 잡혀 갔지만, 장미 부부는 아직도 한국에서 일하며 살고 있다. 장미는 둘째를 낳았는데 남편이 좋은 기술이 있어 한국 사람들과 똑같은 월급을 받아, 아이만 키울 수 있게 되었다. 장미가 둘째를 낳았을 때, 산후조리팀이 가서 열심히 돌보아 주었다. 그리고 둘째 아이는 베트남에 가서 공부하고 목사님이 되었으면 좋겠다고 기도하고 있다. 예배 시간에 울지도 않고 찬송을 무척이나 좋아하며, 예배를 참 잘 드리는 귀여운 아이다. 바울의 제자 디모데 같은 사역자가 되기를 기대하며 기도한다.

'주님, 하나님의 사람으로 온전하게 자라게 해 주세요. 아멘.'

출산 전도

난이와 탄자린은 베트남 사람이다. 우리 교회에서는 베트남 여성들의 출산과 산후조리를 권사님들과 함께 성도들이 돌아가면서 도와주고 있었다. 난이는 동원산부인과병원에서 무료로 출산하게 되었는데, 아이가 너무 커서 잘 나오지 않는다고 했다. 의사 선생님은 "조금만 더 힘을 주세요!" 라고 말씀하셨고, 우리 봉사팀들은 난이가 순산할 수 있도록 열심히 기도했다.

그때 의사 선생님은 우리를 부르셨다. 그래서 나는 김영숙 권사님, 이명순 권사님, 서연이 권사님과 함께 병실로 들어가 기도하기 시작했다.

"주님! 도와주세요!"

한참을 기도하는데 아이가 쑥 나왔다. 할렐루야! 아들을 낳았다. 의사 선생님은 아주 기뻐하셨다.

여러모로 봉사하며 피곤한 줄도 모르고 기쁘게 섬겼더니 소문에 소문이 퍼져 나갔고, 임신한 베트남 사람들은 거룩한빛광성교회로 오기 시작했다. 출산이라는 것을 통해 베트남 사람들에게 예수를 영접시키고 전도할 기회가 생긴 것이다. 출산 전도는 베트남 사람들을 전도하는 데 유익했고, 유교와 불교가 강한 그들에게 복음을 전하는 아주 좋은 문이었다. 이 글을 빌어 전도에 협력해 주신 동원산부인과 원장님과 임직원 여러분께 감사를 드린다.

"사랑만이, 희생만이, 믿음만이 능력이라 하신 주!"

희생 없이는 열매가 없다. 하나님께서는 우리에게 섬김과 사랑, 기도와 말씀의 양육으로 이들을 제자로 세울 수 있게 하셨다. "울며 씨를 뿌리러 나가는 자는 반드시 기쁨으로 그 곡식 단을 가지고 돌아오리로다."(시 126:6)라고 주님이 말씀하신 것처럼 열매는 눈물의 씨앗이다. 우리는 급할 때마다 눈물의 기도로 하늘 보좌를 움직이고 승리로 이끌 수 있었다. 그리고 영광의 그늘에 눈물이 고였다고 하신 말씀처럼 눈물 없이는 영광이 없다는 것을 깨달았다.

난이가 아이를 낳고 한 달이 지난 어느 날, 나에게 전화 한 통이 걸려왔다.

"큰일 났어요! 남편이 일하다가 잡혀갔어요!"

지금 인천국제공항에 있다며, 다급하고 떨리는 목소리로 도와 달라고 했다. 나는 서 권사님에게 전화하고 난이네 집까지 달려갔다.

그리고 기도하기 시작했다.

"다니엘이 사자 굴에 들어갔지만 사자의 입을 봉하시고 다니엘을 건져 주신 하나님, 난이 남편을 구해 주세요!"

우리는 서 권사님과 함께 차를 끌고 인천국제공항으로 갔다. 처음 가는 길인데다가 비가 쏟아지고 바람이 세게 불어 운전하기 어려운 상

한국에서 출산한 베트남 아이들과 정성진 담임 목사님,
박수철 집사님과 함께(오른쪽 맨 위)

황이었지만 오직 영혼을 구원해야겠다는 생각에 목숨을 걸고 갔다 오
게 되었다. 혼자였으면 더 힘들었을 텐데, 옆에 권사님이 함께 해 주셔
서 서로 힘이 되어 공항까지 무사히 갈 수 있었다. 바울도 둘이서 전도
여행을 했듯이, 혼자서는 어렵지만 둘이 함께하면 사마리아 땅끝까지
도 갈 수 있다는 용기가 생겼다.

우리는 간신히 인천의 불법체류자들이 있는 곳에 도착했다. 그리고
불법체류자를 담당하고 계셨던 아저씨에게 간절히 부탁했다.

"아저씨, 이분은 태어난 지 한 달밖에 되지 않은 아이의 아빠예요. 한
번만 봐 주세요."

"아무리 울면서 부탁해도 소용없어요. 제가 마음대로 할 수 있는 게 아니라구요!"

아저씨는 냉정하게 우리의 부탁을 거절했다. 우리는 철장 속에 갇혀 있는 난이 신랑을 위해서 하나님께 간절히 기도를 드렸다.

'살아 계신 하나님, 한 번만 기회를 주세요! 베트남에 돌아가서 교회도 세우고 전도도 할 수 있는 믿음이 생길 때까지 한국에 있게 해 주세요.'

우리는 눈물을 흘리며 이렇게 기도를 하고, 할 수 없이 집으로 돌아왔다. 그런데 며칠 후 기적 같은 일이 일어났다. 하나님의 도우심으로 난이 신랑이 벌금을 내고 풀려 났던 것이다.

난이 부부가 기도 응답을 받자, 이들 부부는 하나님을 더욱 뜨겁게 믿는 하나님의 사람이 되었다. 난이 부부를 보면 참으로 사랑스럽고 예쁘다. 나는 이들의 믿음이 자라 삶이 풍성해지고 여러 일이 잘 될 때마다 얼마나 기쁜지 모른다.

난이 부부는 3년 이상을 더 한국에 머물게 되었는데 어느 날 살던 집과 다니던 공장에 불이 나면서 어려움을 겪게 되었다. 이런 상황 속에서도 이들은 원망하고 불평하기보다는 건강하게 살아난 것에 감사하는 모습을 보고 그 믿음이 참 자랑스러웠다. 나는 이들이 '왜 예수를 믿는 우리 집이 불이 났을까?' 하는 생각을 하며 하나님을 원망할까 걱정했는데, 오히려 이 일을 통해 하나님을 더 잘 섬기는 믿음이 생긴 것 같았

다. 불이 났어도 주일 예배를 빠지지 않았던 이들은 고양천사운동본부
와 여러 성도들이 돈을 거두어서 도와주는 복을 받게 되었다.

'생명을 살려 주신 하나님, 감사합니다.'

"네가 물 가운데로 지날 때에 내가 너와 함께 할 것이라. 강을 건널
때에 물이 너를 침몰하지 못할 것이며 네가 불 가운데로 지날 때에 타지
도 아니할 것이요 불꽃이 너를 사르지도 못하리니"(사 43:2)라는 말씀을
붙잡고 축복하며 기도를 했다. 나는 고난 가운데서도 감사하면, 기적이
일어난다는 것을 깨달았다.

하나님께서는 난이 부부의 집에 불이 났지만 그들에게 더욱 깊은 믿
음을 주시고 하늘의 소망을 바라보게 하셨다. 사명자에게는 체험과 고
난이 많은 것을 이 부부를 보면 알 수 있다. 요셉도 고난이 많았지만 어
느 곳에 있든지 함께 하시는 주님 덕분에 어려움을 잘 이겨낼 수 있었
다.

그리고 나서 10개월쯤 지났을 때, 난이가 불법체류자로 일하다가 잡
혀 목동 불법체류자보호소에 있다는 연락을 받았다. 그때 나는 화성시
동탄에 있었기 때문에 그곳에 가 볼 수 없는 형편이었다. 그저 하나님께
기도하면서 '난이 음성이라도 한번 들어 봤으면 좋겠네요.' 라고 기도
하며, 베트남에 가서도 잘 되기를 축복했다. 그런데 그때 난이에게서 전
화가 왔다.

"저 불법체류자로 잡혀서 지금 목동에 있어요. 다음 주에 베트남으

로 갈 것 같아요. 6년 동안 잘 돌봐 주셔서 감사합니다. 베트남에 가서도 예수 잘 믿을게요."

나는 이 말을 듣고 얼마나 행복했는지 모른다.

난이가 베트남으로 떠나고 얼마 후, 베트남 예배 부장으로 수고하셨던 박수철 집사님이 회사 일로 베트남으로 파견되시면서 그동안 평신도 선교사의 꿈을 이루게 되었다. 박수철 집사님은 베트남 예배에 필요한 것이 있으면 아낌없이 자비량으로 봉사하셨던 분이다. 하나님께서 정말 그 중심을 보시고 회사에서도 인정받게 하시고 또 베트남으로 갈 수 있는 은혜를 주셨다. 베트남에 가서도 난이를 자신의 회사에 일하도록 취직시켜 주셨다. 난이와 함께 박수철 집사님을 팀 사역자로 붙여 주신 것 같아 감사하다.

'할렐루야, 축복하고 사랑합니다. 이들을 통하여 베트남에 큰 복음의 문이 열리고 100개의 교회가 세워지며 기독교 국가로 바뀌는 일이 예수님의 이름으로 일어나기를 기도합니다. 아멘.'

말 안 통하는 선교사님과의 동행

2001년 12월. 나는 거룩한빛광성교회에 전도담당 전도사로 부임하였다. 어린이신학과 몬테소리대학원을 졸업했지만, 전도자의 달란트로 나는 전도팀을 맡게 되었다. 그런데 전도팀을 운영해 본 경험이 없어 걱정이 많이 되어 나는 1시간 먼저 출근해서 기도하기 시작했다.

'하나님, 어떻게 해야 전도팀을 잘 이끌 수 있을까요? 가르쳐 주세요.'

이렇게 기도를 3개월쯤 했을 때, 주님의 음성이 들렸다.

'숙희야, 세계적인 전도팀으로 이끌어라. 내가 너에게 큰 능력을 주어서 언제든지 사용할 것이다.' 라고 하시면서, 찬송가 '나의 죄를 정케 하사' (크신 능력 주시어 언제든지 주 뜻대로 사용하여 주소서)를 주셨다.

그 음성을 들은 뒤, 나는 우리 전도팀이 세계적인 전도팀이 되게 해 달라고 매일 기도하면서 비전을 품게 되었다. 소원을 두고 행하게 하시는 하나님을 믿었다. 나는 우리 전도팀을 하나님께서 세계적인 전도팀으로 쓰신다며, 세계 각 나라를 다니면서 전도해야 하니 영어를 열심히 배우자고 했다.

그로부터 5개월 후, 하나님께서는 뉴질랜드에서 온 베리 마틴(Berry Martin)이라는 남자 선교사님를 만나게 하셨다. 이 선교사님은 뉴질랜드에서 '하나님 아버지, 저는 선교사가 되고 싶어요. 어느 나라로 갈까요?' 라고 기도를 했는데, 하나님께서는 한국으로 가라는 응답을 받았다고 하셨다. 그리고 '한국 어느 도시로 가야 하나요?' 라고 물어봤더니, 일산으로 가라고 하셨다고 한다. 그래서 일산에 있는 영어 학원에 이력서를 넣고 기도했는데 하나님께서 우리 교회 옆에 있는 학원으로 인도하셔서 우리 교회에 나오시게 되었다.

나는 각 나라를 돌아다니면서 전도할 줄 알았는데, 하나님께서는 선교사님과 함께 팀 사역을 하게 하셨다. 성령의 인도하심으로 이루어진 놀라운 만남이었다. 선교사님은 치유의 은사도 있으신 것 같았다. 기도를 받으면 마음에 평강이 임하고 병이 낫는 사람도 있었다. 이렇게 해서 한국말 못 하는 평신도 선교사님과 영어 못 하는 내가 함께 전도를 시작하게 되었다.

두 번 정도 선교사님과 암센터에 기도하러 갔을 때는 차빌립 목사님이 통역해 주셔서 이야기를 하는데 별 문제가 없었는데, 목사님께서는 이제 시간이 없어서 같이 갈 수 없다고 하셨다. 나는 갈등이 생겼다. 어떻게 말 안 통하는 선교사님과 전도하러 갈 수 있을까! 그러나 꼭 전도해야 할 성도와 기도해 줘야 할 성도가 있기에 용기를 내어 토요일마다 암센터 전도를 가자고 선교사님께 말씀드렸더니 무척 좋아하셨다. 서로 말이 통하지 않는 우리가 암센터에서 전도를 할 때, 난 혹시 '외국인과 같이 다니면서도 영어를 모른다고 하면 여러 사람 앞에서 얼마나 창

뉴질랜드에서 온 베리 마틴 선교사님, 김기정권사님과 함께

피를 당할까! 하는 생각에 발걸음이 무겁기만 하였다.

그런데 정말 놀라운 일이 일어났다. 우리가 전도하고자 했던 사람이 영문과를 졸업해서 영어로 선교사님과 말이 잘 통하는 것이었다. 만약 내 생각대로 말이 통하지 않는다고 전도하러 가지 않았다면, 그 아가씨는 지옥에 갔을 텐데 하는 생각을 하니 아찔했다.

어떤 상황 속에서도 하나님께 순종하고 전도했더니, 31세에 염주를 낀 아가씨가 선교사님의 기도와 나의 복음 제시를 통해 예수님을 영접하게 되었다. 그 아가씨는 예수를 영접하고 3일 후에 하늘나라로 갔다. "영접하는 자 곧 그 이름을 믿는 자들에게는 하나님의 자녀가 되는 권세를 주셨으니"(요 1:12)라는 말씀처럼 그 아가씨는 예수를 영접함으로 생명책에 이름이 기록되고 아름다운 죽음을 맞이하였다.

하나님께서는 주님께서 택하신 자녀에게 우리를 보내셔서 구원받을 수 있도록 돕게 하셨다. 불가능 가운데서도 순종함으로 하나님의 나라는 주님 뜻 안에서 이루어진다는 것을 깨달았다. 순종이 제사보다 낫다고 하신 말씀이 나의 목표가 되어서 즉각 순종하는 지혜를 갖게 하셨다.

'여호와 이레의 하나님, 아브라함의 순종과 믿음을 나에게도 주시옵소서. 아멘.'

어둠을 물리치신 예수님의 은혜

사도 바울은 아무에게도 누를 끼치지 않기 위해 일하면서 복음을 전했다고 한다. 그래서 나도 평신도였을 때, 항상 일하면서 복음을 전했다. 직장도 복음을 위해서 구했고, 출근할 때도 직장을 선교지라 생각하여 항상 기도했고, 일하면서도 직원들을 위해 기도했다.

1996년 부업으로 은행 청소를 할 때였다. 내가 즐겁게 일하는 모습을 보고 어떤 여직원이 부러워하며 이렇게 말했다.

"아줌마는 움직이는 교회군요! 교회가 따로 없네요."

어느 오후 점심 때였다. 나는 한 여직원과 잠깐 대화를 나누게 되었다.

"저는 20년 동안 밤마다 불을 끄지 않고 엄마와 함께 자고 있어요. 밤이면 무서워서 혼자 있을 수가 없어요."

그녀는 악한 영으로부터 눌림을 받는 것 같았다. 그래서 나는 그 여직원에게 담대하게 복음을 전했다.

"하나님께서 함께하시면 어디에 있든지 무섭지 않을 거예요."

나는 그녀에게 사영리 「행복의 길」이라는 책으로 복음을 전하며 예수님을 영접시키고 더러운 귀신을 쫓아내기 위해 기도해 주었다.

그리고 나서 그 여직원은 그날 일을 마치고 집에 가서 밤에 잠을 잤는데 악몽도 꾸지 않았고 불을 끄고 잤는데도 무서움을 느끼지 않았다며, 불을 끄고 잠을 자니까 피곤한 것도 덜 한 것 같다고 했다.

그녀는 예수 그리스도의 능력을 믿는 것 같았다. 그 여직원이 예수 그리스도를 영접하고 나니 신분이 하나님 자녀로 바뀌면서 마귀들도 떠나가 평안을 누리게 된 것이다. 또 나는 그녀에게 성경 공부를 개인적으로 가르치면서 제자 양육을 했다. 양육을 잘 하지 않으면 다시 넘어지고 믿음의 뿌리를 내리는데 오래 걸리기 때문에, 나는 고통 중에 있는 사람은 꼭 제자 양육을 했다.

오랜 시간이 지나고, 나는 우연히 암센터로 전도를 나갔다가 암센터 지점 은행에서 근무를 하고 있는 그 여직원을 만났다. 나는 그녀에게 결혼은 했느냐고 물었더니 결혼은 아직 안 했다고 하면서 나에 대한 반가움을 금치 못했다. 나는 그녀를 위해 기도를 해 주고 돌아왔다. 그리고 얼마 후 또 다시 그녀를 만났는데 그때는 결혼도 하고 아이도 임신했다며 좋아했다. 아무튼 행복한 가정을 이루었다고 하니 하나님께 감사할 따름이었다. 전도된 사람이 잘 되는 것은 참으로 보기만 해도 행복하다.

2. 하나님의 부르심

가난 속에 핀 소망

내가 태어난 곳은 강원도 어느 깊은 산골 마을 이었다. 학교에 다니려면 버스가 없어 걸어서 산을 넘고 십리쯤 가야 하는 아주 깊은 산골 오지 마을이었다. 마을이라고는 하지만 집도 별로 없고 사람 구경조차도 하기 어려운 곳이었다. 냇가 물은 얼마나 깨끗한지 그 물로 먹고, 마시고, 밥도 하고, 세수도 하고, 빨래도 했다. 사방을 둘러보아도 온통 산 뿐이고 위로 구멍이 뚫린 것처럼 동그란 하늘만 보면서 하루하루를 보내야 하는 곳이었다.

유복자였던 나는 2남 3녀 중 막내딸로, 어머니가 43세가 되셨을 때 나를 낳으셨다. 큰아버지는 독립운동가이셨고 독립운동에 필요한 자금 조달을 하시다가 일본군에게 붙잡혀서 길가에서 돌아가셨다. 그래서인지 그 이름이 역사에 기록되지 못하고 지금은 일가친척 모두 돌아가신 채 우리 가정과 사촌 한 가정만 남게 되었다.

어느덧 세월이 흐르고 어머니는 나를 낳게 되셨는데 생각지도 않았던 아이가 생겨났다고 온 집안 식구들은 나를 주워온 아이라고 했다. 아버지는 여러 가지 일 때문에 집에는 무책임하셨고 몇 년에 걸쳐 한 번씩 집에 오시고는 하셨다. 아버지가 6년 만에 돌아온 그때 내가 태어났고 그 후로 아버지는 다시 집에 오지 않으셨다. 그때 우리 가족은 잠잘 집조차 없었다. 솥 하나만 가지고 시냇가에 앉아 있을 때 동네 어른 한 분이 어린 나를 보고 방 한 칸을 내 주셨는데, 그 방은 안방 연기 굴뚝이 지나가는 열기로 데워지는 방이었다.

우리 집은 허리띠를 동여매었을 정도로 가난했다. 쌀이라고는 구경도 할 수 없었고, 보리쌀과 감자와 산나물로 죽을 끓여 하루하루 끼니를 해결해야만 했다. 그 어려웠던 시절을 언니들은 회상 어린 추억으로 내게 이야기해 주곤 했다. 너무도 먹을 것이 없어 하루하루 살아가는 것도 힘에 겨웠다 하니, 그 가난이 얼마나 지겨웠는지 상상이 갔다. 그래도 어머니는 다섯 남매를 키우시려고 닥나무를 사다가 문종이를 만들어 파셨지만 먹을 끼니를 대기에는 턱없이 부족했다.

몇 년 후 내가 여섯 살이 되었을 때, 우리 가족은 영주로 이사 오면서 영주중앙교회에서 사찰로 일하게 되었다. 지금 생각하면, 진한 추억으로 남는 아련한 시절이었다. 교회 마당은 넓었으며 우리는 그곳에서 콧물이 고드름이 될 때까지 뛰어놀았다. 꽃밭에서 꽃도 키웠고, 강대상 속에 숨기도 하면서 숨바꼭질 놀이도 하였다. 그리고 그때 담임 목사님으로 계시던 신완식 목사님은 아들 쌍둥이와, 딸 쌍둥이, 아들, 딸 총 6남매의 자녀를 두고 계셨는데, 나는 지금도 그들과 함께 뛰어놀았던 생각을 하면 긴 터널의 추억 속으로 빠져들곤 한다.

그러나 좋은 추억만 있는 것은 아니었다. 교회 뒤편에는 연탄 공장이 있었는데 바람이 부는 날이면 연탄 가루가 교회 마당으로 날아와 우리는 교회를 청소해야만 했다. 또 우리 부엌은 샘물이 많이 나와서 교회 마당으로 터놓았는데 사람들은 그곳에서 빨래를 하곤 했다.

얼마 후 우리 가족은 보름골에 있는 오빠 집으로 이사를 했고, 오빠는 우리 동생들을 위해 목숨을 건 월남전을 두 번이나 자원해서 갔다 왔다. 그리고 그 돈으로 양계장을 하였다. 난 초등학교 4학년 때부터 중학교 2학년까지 5년 동안 자전거로 우유 배달을 하면서 학교에 다녔다. 그때부터 친구들과 선생님은 양계장에 산다고 나를 계란 꼴 아이라고 불렀다.

집안 형편이 조금씩 좋아지기 시작하면서 '이제는 좀 살 만하겠구나' 싶었는데, 또 집안에 좋지 않은 일이 생겼다. 갑자기 양계장에 있던 닭들이 모두 죽어 버리고 만 것이었다.

'오빠가 목숨을 걸고 벌어온 돈으로 한 것이었는데…'

너무도 귀중한 돈으로 양계장을 한 것이었기 때문에 하루아침에 닭을 모두 잃어버렸다는 것은 큰 충격이었다.

그래서 우리 집은 또 가난해졌다. 내가 중학교에 다닐 때는 등록금을 내지 못해 담임 선생님은 방과 후에 나를 교무실로 불러서 등록금을 내라고 독촉하셨고, 그때마다 나는 확신할 수 없는 약속을 하고 집으로 돌아오곤 했다.

쌀이 떨어진 때는 누룽지를 끓인 밥이나 꽁보리밥을 도시락으로 싸 갔는데 반찬이라고는 고추장 하나뿐이라 밥 한 수저 입에 뜨고는 얼른 뚜껑을 덮곤 하였다. 또 도시락을 못 싸간 때는 점심 때가 되면 슬그머니 혼자서 굶주린 배를 움켜잡아야 했었다. 아마 사춘기 때라 이런 가난이 더 창피했는지도 모르겠다.

중3 때는 하나님께서 나에게 작정 기도를 하라는 감동을 주셔서 40일 동안 새벽에 특별 작정 기도를 했다. 새벽에 동네 학생들을 모아 매일 20분을 걸어서 함께 새벽 기도를 갔다. 그때 나의 기도 제목은 고등학교 가서 장학금을 타고 학교를 다니게 해 달라는 것과 키가 작으니까 키가 크게 해 달라는 것, 그리고 하나님께서 원하시는 사람으로 사용해 달라는 것이었다. 나는 40일 동안 새벽 기도를 했다.

하나님께서는 이런 모습을 가상히 여기시고 기도에 응답해 주셨는지, 고등학교 때는 장학금을 받았고 고1 때는 반에서 1년 동안 계속 1등을 했다. 키는 꼽추로 태어나지 않은 것과 작은 키로 날 겸손하게 하신 것에 감사했다. 유치부 전도사로 섬길 때 왜 내가 키가 작은지 하나님 창조의 섭리에 감사하며 '이때를 위하여 나를 작게 만드셨구나' 하는 생각을 했다. 유치부 아이들은 내가 키가 작다고 좋아했고 이것은 아이들과 친해지는 데 도움이 되었다. 나는 유치부 설교를 할 때 앙코르를 받은 적이 한두 번이 아니었다.

'할렐루야! 키가 작은 것에 감사합니다. 모든 것엔 하나님의 이유가 있습니다.'

그리고 이후에는 하나님께서 원하시는 사람으로 학원 원장을 하게 하시고 은행 청소부를 거쳐 하나님의 일을 하는 전도사의 삶을 살게 하셨다. 또 세상에서 힘들고 고통받는 사람들을 돕는 봉사자로 살게 하시고 전도와 양육의 전문가로 헌신하게 하셨다.

'중학교 때 했던 새벽 기도로 말미암아 인생의 길을 형통하게 해 주신 주님을 찬양합니다. 아멘.'

환경을 탓하지 말고 촛불을 들라

고등학교 시절 우리 집은 너무 가난해서 장학금을 받아야만 고등학교를 졸업할 수 있었다. 이런 어려운 상황 속에서도 나는 언니와 오빠의 도움으로 열심히 공부했고 희망을 잃지 않았다. 하나님께서 도와주셔서 장학금도 받고, 고 3때 우수 학생에게만 주는 금 뺏지를 전교에서 나 혼자만 받기도 했었다. 그리고 부모님은 이런 나를 자랑스럽게 생각하셨다. 나는 이러한 어려운 시절을 통해 '인내' 와 '하면 된다.' 라는 마음가짐도 배우게 되었다.

고등학교 1학년 때 나는 학교에서 예배 부장으로 봉사했었는데 그때 간부들끼리 가나안농군학교라는 곳에 간 적이 있었다. 나는 그곳에 대해 잘 알지 못했지만 그곳에서의 체험은 나의 삶을 변화시키기에 충분했다. 가나안농군학교에서는 화장실에 갈 때도 손바닥 크기의 휴지조각을 들고 가고, 이빨을 닦을 때도 보이지 않을 정도의 치약으로 이빨을 닦아야 했다. "근검절약", 이것이 그곳의 교육이었다.

"4시간 일하지 않고는 밥도 먹지 말라, 나라와 민족을 위해 새벽을 깨우고 기도하라, 그리고 이 민족을 위해 촛불을 높이 들라, 환경을 탓하지 말고 촛불을 켜들라. 내가 먼저 근로하자, 내가 먼저 봉사하자, 내가 먼저 희생하자. 조국이여 안심하라, 민족이여 안심하라, 내가 기도하니까.”

참 감동적인 말을 듣고 그때 난 내 인생의 촛불을 높이 들리라고 다짐하고 또 다짐했다. ‘언젠가는 많은 돈을 벌어서 우리나라에서 제일가는 종합 학원을 하리라, 그리고 내 인생에 촛불을 들리라….’

어느덧 세월이 흘러 졸업을 할 때가 다가오고 나는 취업을 서두르게 되었다. 우리 상업고등학교에서는 졸업과 동시에 은행에 취업할 수 있었다. 그러나 나에겐 한 가지 고민이 있었다. 아무리 생각해 봐도 이곳에서는 내 꿈을 펼칠 수 없을 것 같다는 생각이 들었다. 그래서 나는 서울로 올라와서 직장을 구하기로 작정하고 화곡동에서 조그마한 슈퍼를 하는 작은 언니 집에 같이 살게 되었다.

그리고 나서 하루가 멀게 이력서를 제출하고 취직자리를 구하러 다녔는데, 면접 보는 회사마다 키가 작고 얼굴이 세련되지 못하다며 나를 채용하지 않았다. 어린 시절에는 가난 때문에 가슴 아파해야 했는데 이 당시에는 신체조건 때문에 취직을 할 수 없어 힘들어해야만 했다.

결국 키가 작아 일반 회사엔 취직을 못하고 학원 강사로 취직을 하였다. 이곳에서 나는 3년 동안 많은 아이를 가르쳤다. 그런데 학원 원장은 6개월 이상 강사들이 붙어 있지 못하고 수시로 떠날 정도로 까다로운 사람이었다. 그리고 안식일교회에 다녔던 원장은 매주 토요일마다 교회에 갔다. 그런데 이상하게도 그날 수업강의료는 학생에게는 받으면서도 안식일이라 돈은 쓸 수 없다고 강사들에게는 강사료를 주지 않았

주산학원 시절(유치원 졸업식)

다.

나는 까다로운 상사에게도 잘 하라는 성경 말씀에 의지하여, 요셉같이 맡겨진 일에 최선을 다했고 원장이 없을 때에도 내 일처럼 열심히 일했다. 그래서인지 학원은 날마다 부흥되었고, 처음에는 나 혼자 시작했던 것이 나중에는 여러 강사와 함께 뜻을 모을 수 있었다. 그러나 학원은 돈을 많이 벌었는데도 원장의 마음이 여전히 강퍅해서 강사료를 너무 적게 주었다. 이런 원장 밑에서 일하다 보니 내가 직접 학원을 해야겠다는 마음이 하루하루 내 머릿속에서 떠나질 않았다.

그래서 난 23세에 전국의 최연소 여원장이 되었다. 내가 학원을 직접 운영하기 시작할 때쯤, 재미있는 일이 생겼다. 내가 아는 모든 강사가

'숙희도 학원을 하는데 나라고 할 수 없을까' 하는 생각에 학원을 차리는 일들이 줄줄이 일어난 것이다.

전도하는 것도 마찬가지였다. '저 작은 여인도 하는데 나라고 못할까' 하는 생각에 도전하는 많은 성도가 생겼다. 이것도 하나님의 은혜였다.

80년대 주산학원이 히트를 쳤던 시절, 나는 10년 동안 학원 원장으로 재미있고 신나는 나날을 보냈다. 그리고 이러한 시절을 보내면서 어떠한 사람을 만나든지 배울 것이 있다는 것과 어느 곳에 있든지 자신에게 맡겨진 일들에 최선을 다해야 하며, 그 일에 프로가 되면 인정받고 축복의 통로가 될 수 있다는 것을 깨달았다.

'환경을 탓하지 말고 촛불을 켜 들라고 하신 것처럼 하나님의 촛불이 되기를 원합니다. 또 세상에 빛과 소금되기 원합니다.'

작은 키에 세련되지 못한 외모로 어려운 삶을 살았지만 원망하지 않고 감사하며 최선을 다했더니 하나님께서는 약점을 장점으로 바꾸어 주셨다.

전도자가 되라는 어머니의 유언

69세에 우리 어머니는 급성 심근경색증으로 한강성심병원에 입원하셨다. 의사 선생님은 어머니가 6개월밖에 살 수 없다고 하셨다. 어머니는 43세에 나를 유복자로 낳으시고 혼자서 5남매를 키우시느라 고생도 무척 많이 하셨는데 얼마 살지 못하신다는 말을 듣고 나는 일주일간 새벽 기도를 드렸다.

'하나님 아버지, 저희 어머니 좀 살려 주세요, 효도할 수 있는 시간을 주세요. 1년 만이라도 살려 주세요.'

내 기도를 들으신 하나님께서는 어머니의 생명을 6년 더 연장해 주셨고, 내가 어머니를 모시고 살 수 있는 은혜도 허락해 주셨다. 나는 어머니 말만 떨어지면 무엇이든지 순종하고 지극 정성껏 모셨다. 글씨를 모르는 어머니를 위해 밤마다 가정 예배를 드리고 성경을 읽어 드리며 기도해 드리는 일을 하루도 쉬지 않았다.

그때 나는 결혼을 했는데 단칸방에서 1년 동안 어머니를 모시고 살았다. 어머니를 모시기 위해 넓은 집으로 이사를 가게 해 달라고 밤마다 기도했더니, 하나님께서는 고강동에 있는 빌라를 언니와 함께 마련할 수 있도록 해 주셨다. 또 언제나 회개하고 부르짖는 기도를 들으시고 은혜를 베푸셨으며 내가 부모님을 모시는 선물로 결혼 6년 만에 태의 문을 열어 주서서 아들을 선물로 주셨다.

나는 어머니에게 효도할 수 있는 시간을 달라고 기도했는데 그 기도도 하나님께서 응답해 주셨다. 그리고 어머니는 새벽마다 교회에 나가서서 두세 시간씩 기도하는 기도의 사람이 되셨다. 또 어머니는 자주 "너는 나중에 새벽 기도를 하고 꼭 전도자가 되라."라고 유언 아닌 유언을 하셨다.

어머니는 교회를 잘 섬기시고 목사님을 잘 섬기셨다. 시간이 있으실 때면 매일 교회에 가서서 강대상을 파리가 낙성할 만큼 깨끗하게 닦으셨고, 우리 딸이 자녀가 없으니 자녀를 달라고 하나님께 기도도 하셨다. 그래서 우리 부부는 예전부터 알고 지내던 안기학 목사님께 안수 기도도 받고 한나의 기도도 드렸다. 기도를 들으신 하나님께서는 어머님께 자녀를 주겠다는 음성을 들려 주셨고 꽃다발도 안겨 주는 환상도 보여 주셨다. 그리고 하나님의 은혜로 임신케 하셨다. 할렐루야!

또 우리 부부에게 생명의 소중함을 알게 하시고 하나님의 절대 주권을 인정하게 하셨다.

"자녀를 위하여 기도해 주시던 어머니, 참 감사합니다."

믿음을 물려주시고, 기도를 물려주신 어머니는 나와 마지막 저녁 식사를 같이 하시고 하늘나라로 가셨다. 매일매일 가정 예배를 드리면서 잠자듯이 편안하게 천국에 가게 해 달라고 기도하셨는데, 기도한 대로 그렇게 돌아가셨다. 그리고 나는 75세 어머니의 죽음 앞에서 천국을 보았다. 얼마나 아름답게 돌아가셨는지 손을 머리 위로 올리시고 '할렐루야!' 하시면서, 가장 평안한 모습으로 환하게 돌아가셨다.

'하나님, 천국이 확실히 있습니다.'

천사가 어머니의 영혼을 옮겨갔다는 느낌을 받았다. 그리고 나는 기도했다.

'그동안 어머니를 모시면서도 잘 해 드리지 못한 죄를 용서해 주세요, 앞으로의 인생은 천국을 위해서 살겠어요.'

어머니가 돌아가셨지만 내 마음은 하나도 슬프지 않았고, 아주 평안했다. 어머니는 내가 죽으면 울지 말고 성경책을 자신의 가슴에 함께 묻어 주고 찬송가를 불러 달라고 하셨다. 그래서 나는 장례식에서 찬송가를 10곡 이상이나 불러 드렸다. 장지로 가는 길은 들꽃이 얼마나 아름답게 피어 있었는지 십칠 년이 지난 지금도 눈에 환하게 느껴진다.

어머니는 언제나 나를 위해 어디를 가든지 머리가 되며 꼬리가 되지 않게 해 달라고, 그리고 한 개를 배우면 열 개를 깨닫게 되는 지혜를 달라고 기도해 주셨다. 또 죽으면 한 푼도 못 가져 가니까 돈을 많이 버는 직업보다 한 영혼을 구하는 전도자가 되고 새벽기도를 하라고 유언하셨다.

어머니가 돌아가시고 나서 20일이 지났을 때쯤 아들이 새벽이면 울어서 잠을 잘 수 없었다. 4시가 지나면 어김없이 아들이 깨어 우는 것이었다. 그때 나는 아이를 업고 새벽 예배를 가야겠다는 마음이 들어 그때부터 새벽 기도를 드리러 매일 교회에 갔다. 그런데 하루하루 새벽 예배에 갈 때마다 점점 기도 시간이 늘어나면서 5분, 10분, 30분, 1시간 이상 기도하도록 성령께서 도와주셨다. "비파야, 수금아, 깰지어다. 내가 새벽을 깨우리로다."(시 108:2) 눈물로 간절히 기도하던 중 주님의 음성이 들렸다.

'네가 정말 너를 부인하고 십자가를 지고 나를 따라오겠느냐?

하나님께서 나에게 이렇게 물으셨을 때, 나는 그렇게 하겠다고 눈물로 고백했다. 그리고 나서 고개를 들어 보니 교회 안에는 나 혼자 있었다. 그 후로부터 성령께서는 나를 훈련하셔서 전도하도록 이끌어 주셨다.

32년 동안 나는 하나님을 믿으면서도 나의 부를 위해서 살았다. 돈을 많이 벌면 주님을 위해서 쓰겠다고 하면서도 여전히 내 욕심을 채우는 삶이었다. 예수님께서는 33세에 "다 이루었다" 하시고 십자가에 못 박혀 돌아가셨는데, 나는 32세가 되어서야 철이 들기 시작한 것 같다.

'하나님 불쌍히 여겨 주시고 천국을 바라보며 살게 해 주세요.'

천국에 소망을 가지고 전도하기 위해 성경책도 열심히 읽고 새벽 기도도 열심히 하면서 교회 모임과 봉사도 열심히 했다.

예수님께서도 3년 동안 제자들을 데리고 다니셨는데 나도 3년 동안 열심히 충성하면 전도의 문을 열어 주시리라는 믿음으로 열심히 섬기며 기도했다. 그리고 하나님께서는 2년이 지나고 나서 전도의 문을 열어 주기 시작하셨다.

어느 날, 머리가 아파서 아파트 베란다에 나갔는데 옆집 아줌마가 문을 여시며 나에게 물어보시는 것이었다.

"봉규 엄마, 나도 교회 다니고 싶은데 몇 시에 교회 가면 돼?"

옆집 아줌마는 중학교 선생님이셨는데 나에게 이렇게 물어보시고 나서 그 다음 주에 교회에 나오셨다. 그리고 이 일을 계기로 내가 밖으로 전도하러 나가기만 하면 하나님께서는 많은 영혼을 붙여 주셨다.

그러나 전도를 열심히 하다 보니 주변에서 돈을 많이 줄 테니 이곳저곳에서 일하러 오라는 유혹도 많이 있었다. 자신 소유의 건물을 갖고 있는 어떤 사람이 좋은 보수를 줄 테니 학원 원장으로 오라고도 했고, 좋은 회사에서 나보고 취직하러 오라고 한 적도 참 많았다. 그러나 나는 적은 돈을 벌더라도 전도하면서 일할 수 있는 직장을 선택했다. 일을 하면서도 전도를 쉬지 않고 꾸준히 했더니 하나님께서 준비된 사람들을 만나게 해 주셨다. 돈과 하나님을 겸하여 섬길 수 없다고 하신 것처럼 우선순위를 정하지 아니하면 전도에 전념할 수 없다.

나는 직장을 다닐 때도 직장 선교사라 생각하면서 일을 했다. 그랬더니 어떤 일을 해도 내 안에 기쁨이 넘쳤다. 또 내가 일하는 곳마다 하나님께서 함께해 주셔서 직장이 복을 받고 복음화가 되는 일들이 일어났다. "아줌마가 움직이는 교회네요." 하는 이야기도 들었고, 직원들에게 성경 공부도 가르치면서 양육도 하게 되었다.

또 내가 사는 아파트에서는 반장을 3년이나 하면서 전도를 했더니 우리 동 주민의 50%가 예수님을 믿게 되었고, 전도를 위해서 항상 봉사하고 섬겼더니 해바라기 아줌마라는 별명도 지어 주었다.

돈을 좇아가지 않고 복음을 위해 살면 그 안에는 세상이 줄 수 없는 참된 평안이 있다. 무엇을 먹을까 입을까 염려하지 말라고 하신 것처럼 하나님께서는 넘치도록 먹이시고 입혀 주셨다. 채워 주시는 하나님의 은혜가 있었다. "사랑하는 자여 네 영혼이 잘됨 같이 네가 범사에 잘되고 강건하기를 내가 간구하노라."(요삼 1:2)

'어머니의 유언대로 전도하는 전도자로 이 생명 다하겠습니다.'

전도사로 부르심

어느 날, 아들이 아파서 응급실에 갔을 때였다. 어떤 사람이 자살하려고 술을 잔뜩 먹고는 약을 먹은 채로 병원에 실려 왔다. 병원에서는 그 사람의 위를 다 씻어 내고 술을 토하게 해서 가까스로 생명을 살려 냈다. 나는 "술을 먹고 죽으려 했는데 죽고 싶어도 죽을 수가 없다." 며 그 환자가 엉엉 우는 소리를 들었다.

그리고 새벽 기도를 하던 중에 병원에서 보았던 그 사람이 떠올라 눈물로 그 영혼을 위해 간절히 부르짖어 기도했다. 나는 예배당에 아무도 없는 줄 알고 마음껏 부르짖으면서 기도했는데, 새벽 기도를 마치고 나가시는 목사님이 내 기도를 들으시고 감동을 하셨는지 우리 교회 전도사를 해 주시면 어떻겠냐고 하셨다. 그러나 "저는 못해요." 하며 헤어지고는 또 다시 나보고 전도사를 하라고 할까봐 그 교회에 다시는 가지 않았다.

그 후에도 여러 주의 종을 통하여 하나님께서는 나를 전도사로 부르셨는데, "나는 못해요." 하며 팔 년이나 피해 다녔다. 그러나 주님은 포기하지 않으시고 끝까지 나를 부르셨다.

'바다 밑 바위 가운데 숨을지라도 찾으시는 하나님을 인정합니다.'

나는 하나님께 전도사를 하는 것보다 차라리 청소부를 하는 것이 낫겠다고 했더니, 정말로 청소부로 은행에 취직하게 하셨고 "너희 말이 내 귀에 들린대로 내가 너희에게 행하리니"(민 14:28후) 말씀대로 되었다. 그러나 청소부로 있을 때도 주님은 나를 계속 부르셨고 청소부 4년 만에 순종하게 하셨다.

학원 원장 10년, 청소부 4년 동안의 생활은 전도사 사역에 큰 밑거름이 되었다. 청소부를 통하여 섬김과 겸손을 배웠는데, 지금도 병원 전도나 상가 전도, 아파트 전도를 하다가 청소부 아줌마들을 보면 인사를 하고 사탕이 있으면 꼭 드리고 지나간다. 하나님께서는 영혼을 보는 눈을 넓히셨고 모든 사람을 직업에 상관없이 어린아이부터 노인까지 사랑하게 하셨다.

그런데 얼마 후 예전부터 알고 지냈던 안기학 목사님이 나에게 전화를 하셨다. 예전에 성암교회 유치부 전도사님을 내가 소개해 드린 적이 있었는데 그 전도사님이 4년 만에 사임하게 되었다고 말씀해 주셨다. 그러면서 "하나님께서 왜 집사님을 신학공부 시키셨겠어요." 하시면서 하나님께서 쓰시려고 준비시키신 것이니 꼭 전도사로 와 달라고 하셨다. 결국 안기학 목사님의 은혜로 나는 성암교회 유치부 전도사를 하게 되었다.

성암교회 안기학 목사님은 온유하고 겸손하신 분이셨다. 결혼 초에 남편과 함께 처음으로 교회에 다닐 때 만난 목사님인데 남편이 가장 존경하는 목사님이어서 24년 이상을 알고 지내왔다. 더욱 존경하고 싶은

은행에서 청소부로 일할 때

것은 목사님 부부의 삶을 통해 많은 젊은 부부들이 예수를 믿게 되었다는 것이다. 그리고 목사님 부부의 마음속에는 사랑이 무척 많으셔서 힘든 교회를 찾아서 사역하고 평화의 도구로 쓰임 받고 계셨다.

그러나 '하나님, 저는 키가 작아서 전도사는 못해요. 회사 면접에서도 몇 번이나 떨어졌는데요.' 라고 부정적으로 기도하고 있을 때 주님의 음성이 들렸다.

'네가 순종하지 아니하면 요나같이 된다.'

나는 요나서를 읽어 보았다. 요나를 물고기 뱃속에 들어가게 해서 회개하게 하시고 결국은 주님이 원하시는 길로 인도하셔서 복음을 전하게 하시는 하나님의 절대 주권을 보았다. 그래서 하나님께 순복하기로 하고 하나님께 눈물로 감사하며 일주일을 울면서 기도했다.

'하나님, 이 불량품을 써 주셔서 감사합니다. 하나님의 영광을 위해서 살겠습니다. 성령의 인도하심에 따라 살게 하옵소서.'

그런데 하나님께서는 나를 전도사로 이끄시기 전에 한 가지 테스트를 하셨다. 남편은 내가 전도사 일로 가정을 등한시하게 될 경우 이혼을 하자는 계약서 한 장을 보여 주며 여기에 도장을 찍으라고 했다. 그래서 나는, '만약 집에서 쫓겨나면 쫓겨나리라.' 라고 마음을 먹고 계약서에 도장을 찍었다. 그러나 그때 내 마음은 무척 좋지 않았다.

나는 어디에 가든지 전도하고 잘 곳이 없으면 교회에서 자고, 먹을 것이 없으면 굶으면서 주님을 따르겠다고 다짐하면서 대화역 옆 공원을 눈물로 일곱 바퀴 돌면서 기도했다. 그리고 벤치에 앉아서 하늘에 있는 별 하나하나를 세면서 한없이 울었다.

그 다음 날 오후, 남편에게서 전화 한 통이 왔다. 그 계약서를 찢어 버렸으니 전도사 사역을 해도 된다며, 자신이 직접 서울까지 데려다 주고 데려올 테니 열심히 해 보라는 것이었다.

그래서 결국 나는 남편의 허락을 받고 서울 성암교회 전도사로 일하게 되었고, 그 후로 남편은 전적으로 나를 도와주는 동역자가 되었다. 주의 모든 일에 헌신적으로 도와주어서 내가 마음껏 주의 일을 감당하며 전도할 수 있도록 해 주었다.

아브라함에게 아들을 바치라고 시험하신 것처럼 하나님께서는 내가 자식이나 남편보다도 하나님을 더 사랑하는지 시험하신 것이다. 하나님의 은혜로 이 시험을 무사히 통과하였고, 나는 하나님께서 부르신 대로 전도사의 삶을 살게 되었다.

아들의 질병

2001년 무더운 여름이었다. 아들이 열이 오르고 시름시름 아프기 시작하기에 아무래도 단순한 감기 같지 않다는 생각에 4학년이 된 아들을 데리고 주엽동에 있는 병원에 갔다. 병원에서는 아들이 장염에 걸린 것 같다고 하며 약을 처방해 주었다.

우리는 약국에서 약을 사서 먹였는데, 하루 이틀 지나도 아들은 좋아지지 않았다. 혹시나 하는 생각에 나는 근처 다른 병원으로 다시 가 보았는데 그곳에서는 맹장 같다고 했지만 자세한 것은 정밀 검사를 해 봐야 알 것 같다고 했다.

나는 잠시 멍해졌고 곧, 정신을 차리고는 남편에게 전화를 걸었다. 남편은 놀란 듯 전화를 받자마자 달려왔다. 그리고 나서 우리는 아들을 데리고 다른 종합병원으로 달려가게 되었는데 역시 그곳에서도 검사를 해 봐야 한다고 하기에 우리는 아들의 검사 순서가 올 때까지 대기실에서 기다렸다. 나는 매우 불안해서 아들과 같이 기도를 하기 시작했다.

'하나님 아버지, 우리 아들이 맹장이 아니기를 바랍니다. 수술하지 않게 해 주세요.'

그때 아이는 울면서 기도했다. 수술을 한다는 것이 어린 아이에게는 아주 두려웠던 모양이었다. 얼마나 시간이 지났을까. 진찰실에서 우리를 부르는 소리가 들렸다. 의사 선생님은 아들이 맹장은 아닌 것 같고 장염 같다며 약을 처방해 주셨다.

우리는 안도의 한숨을 쉬며 아들을 데리고 집으로 돌아왔다. 그런데 저녁 무렵이 되었는데도 몸의 열은 떨어지지 않고 아이의 얼굴에는 커다란 반점까지 생기면서 온몸이 불덩어리처럼 뜨거워졌다. 장염약을 먹어도 효과가 없었다.

아무래도 이상하다는 생각이 들어 우리는 탄현에 있는 야간 진료병원에 찾아갔다. 한참 진찰을 하시던 의사 선생님은 우리 부부를 부르셨다.

"저로서는 확실히 병명을 모르겠으니 소견서를 갖고 큰 병원으로 가 보시고, 완쾌되면 저에게 연락을 좀 주세요."

나는 그 말을 듣는 순간 눈가에 눈물이 핑 돌았다.

'주님, 도와주세요.'

우리는 불안해졌다.

'6년 동안 기도로 얻은 하나뿐인 아들인데….'

우리는 서둘러 대화동에 있는 백병원 응급실로 갔다. 우선 의사 선생님은 아들의 옷을 모두 벗기고, 얼음찜질로 열을 내리기 시작했다. 아이는 오한과 함께 부들부들 떨었지만, 쉽게 열은 떨어지지 않았다.

한참 후에 인턴으로 보이는 의사 한 사람이 오더니 진찰을 하며 이리저리 왔다갔다하는데, 뭔가 답답해하는 것 같았다. 그리고 우리에게 하는 말이 지금으로서는 아들의 확실한 병명을 모르겠으니 우선 퇴원하고, 다음 날 다시 외래로 오라고 했다.

그러나 우리 부부는 일단 아들이 병원에 입원해 있어야 응급처치가 될 것 같은 생각에 입원을 시켜 달라고 사정을 하고는, 우리 부부는 아들을 간호하면서 응급실에서 새우잠을 잤다. 그리고 다음날 아들을 일반 병실로 옮겼다.

병원에서는 우리 아들 봉규의 병명을 밝히기 위해, 내과 소속의 모든 의사분들이 모여 회의를 했다. 한참을 기다리니, 내과 과장 되시는 의사 선생님이 오셨다. 증상으로 봐서는 가와사키병 같은데, 아직 확실한 보고서가 없어 단정하기 어렵다며 일단 치료부터 해 보자고 하셨다.

나중에 알았던 병명이지만, 가와사키병이란 백혈구가 적군을 죽여야 하는데 아군을 죽여서 심장에 구멍을 내는 피의 염증으로 아직 초기 단계의 증상만 발표되었을 뿐 정확한 의학 보고서가 없는 희귀병이었다.

어찌되었던 우리는 병원의 지시에 따르기로 했다. 링거 병 안에 있는 약은 한 번에 아주 적은 양씩 들어갔기 때문에 한 병을 전부 주사하는데 무려 다섯 시간이 걸렸다. 주사를 투여하는 동안 보호자는 옆에서 환자의 체온이 올라가는지 관찰해야 했고 아이도 잠이 들지 않도록 지켜보아야 했기에 보호자는 잠을 자지 않고 뜬 눈으로 밤을 새워야 했다. 만약 아이가 열이 나면, 우리는 링거를 빨리 뽑고 응급실로 가서 얼음찜질로 열을 내려야 했기 때문이었다.

다행히 우리 부부는, 그 당시 남편이 여름휴가로 회사에 가지 않았기 때문에 4일 밤낮 동안 뜬눈으로 아들과 함께 있을 수 있었다. 아들은 스무 병의 링거를 맞았는데, 4일째 되던 날에 드디어 열이 내려갔다.

봉규 친구, 택희 엄마는 어느 날 밤에 꿈을 꾸었는데 봉규가 관에 누워서 링거를 맞고 있었다며 온몸에 소름이 끼치고 너무 놀라 나에게 별일 없느냐며 전화를 했다. 또 남편 꿈에서는 큰 버스가 와서 봉규를 싣고 가려고 했는데 아들이 관속에 있어 버스가 그냥 떠나가 버렸다고 했다.

'오, 하나님! 감사합니다.'

나는 병원 앞 명성교회에 가서 눈물로 기도했고 남편은 병실에서 간호하며 기도했다.

다행히 이 링거 덕분에 아들은 건강을 회복할 수 있었다. 만약 병명을 찾지 못하고 오랜 시간 방치했다면, 열이 머리로 올라가 뇌막염이 될 수도 있는 상황이었다. 하나님께서는 우리에게 간이 절이는 고통을 겪게 하시고 깨닫게 하셨다.

'아들을 죽음에서 살려 주신 하나님, 감사합니다. 회개하면 용서하시는 하나님, 참으로 감사합니다.'

지금 와서 생각해 보면 우리를 향하신 하나님의 뜻이 있으셨던 것 같다. 아이가 아프기 며칠 전, 십일조를 나중에 내겠다고 하는 남편과 옥신각신했던 것이 하나님께서 아들을 아프게 하신 것이 아니었나 하는 생각이 든다. 십일조를 온전히 바치게 하시려고 우리에게 고통을 주시고 하나님을 찾게 하셨나 보다. 그 후로 남편은 십일조를 온전히 바치게 되었다.

우리는 아이를 치료하는 과정에서 십일조보다 더 많은 액수인 백만 원 이상의 병원비가 나왔다. 십일조의 몇 배를 쓰게 하시며 깨닫게 하시고, 하나님의 것은 하나님께 드리도록 인도하신 것이었다.

부부가 하나가 되어 주님을 섬기는 것은 참으로 남북통일처럼 어렵다. 그러나 하나님께서는 복음을 깨달은 사람이 사랑과 눈물로 기도하고 인내하면 반드시 승리하게 하시고 고난 중이라도 은혜를 베푸시는 분이시다.

'하나님은 살아 계십니다. 할렐루야! 하나님, 사랑합니다. 감사합니다. 말씀대로 순종하게 하시옵소서. 아멘.'

고난을 통한 테스트

내가 거룩한빛광성교회에서 시무한 지 3년째 되던 어느 저녁 무렵이었다.

"엄마, 나 엉덩이 쪽 대퇴부가 아파 잘 못 걷겠어요."

아들이 괴로워하며 나에게 말했다.

우리 부부는 '아마도 성장통이겠지!' 하고 별일 아니란 듯 넘어갔다. 그런데 이틀이 지나도 차도가 없고 아들은 걷기가 힘들 정도로 아파했다.

그래서 우리는 동네에 있는 작은 정형외과에 가 보게 되었는데 의사 선생님은 별 이상은 없는 것 같고 아이들이 클 때 간혹 대퇴부 고관절이 아플 때가 있다고 하시면서, 며칠 지나면 괜찮아질 것이라고 하셨다. 그런데 아들은 시간이 지나도 여전히 좋아지지 않고 더욱 통증은 심해졌다.

우리는 큰 병원으로 가 봐야겠다고 생각하고 아들을 데리고 △△병원으로 가서 피검사를 의뢰하고 그 다음날 결과를 보러 병원에 다시 갔다. 그곳에서도 의사 선생님은 고관절통 같다고 하시며, 일주일이 지나면 괜찮아질 것이라고 하셨다. 하지만 일주일이 지났는데도 별 차도가 없고 아이는 걸음조차 걸을 수 없을 만큼 더욱 아파했다.

우리 식구는 아무래도 다른 병이 아닐까 하는 걱정에 다음날 교회전도팀 권사님들의 도움으로 항문외과 의사이신 김승철 집사님이 알려주신 일산의 한 류머티즘(류머티스) 전문병원을 찾아갔다. 그곳에서 검사한 결과, 아들의 병명은 소아성류머티즘 중 강직성척추염류머티즘이라고 했다. 류머티즘는 고치기 힘든 병으로 잘 알려져 있는 데다 특히 강직성류머티즘는 뼈 마디마디가 굳어 나중에는 팔을 펴지도 발로 걷지도 못하고 굳어져가는 무서운 질병이었다.

나는 하늘이 노래졌다.

'사랑하는 귀한 아들을 저에게 선물로 주신 하나님! 왜 이 고통을 주시는지요.'

나는 눈물의 기도를 할 수밖에 없었다.

우리는 저녁마다 아이에게 손을 얹고 가정 예배와 기도를 드렸다. 아들은 뼈마디마다 그리고 목 아래부터 발끝까지 통증이 와서 고통스러워했는데 얼마나 아파했는지 아들의 입에서 '악' 소리가 절로 날 정도였다. 그리고 증세는 만지지도 못할 정도로 심해졌고 그 진행 속도 역시 빨랐다. 나는 '하나님 도와주세요!' 하는 기도뿐 어떤 기도도 할 수 없었다.

하나님께서는 "세상을 이처럼 사랑하사 독생자를 주셨으니 이는 그를 믿는 자마다 멸망하지 않고 영생을 얻게 하려 하심이라."(요 3:16)라고 말씀하셨다. 나는 이 시간을 통해 독생자를 주신 그 하나님의 사랑을 조금이나마 느낄 수 있었다.

아들은 약 부작용으로 어떤 때는 온몸이 빨간 점으로 뒤덮였다. 나는 아이 앞에서 눈물로 간절히 기도했고 거룩한빛광성교회 철야 기도회 때 나는 권사님 기도회, 중등부 기도회, 아시는 모든 분에게 중보 기도를 요청하였고 전심으로 중보 기도를 받았다.

그러나 나는 아이가 아픈 상황 속에서도 전도팀 전도는 한 번도 쉰 적이 없었다. 병원을 가더라도 전도를 먼저 하고 나서 다녔다.

하루는 하나님께 이렇게 물어보았다.

'하나님, 아들이 이렇게 아픈데 전도사를 사임하고 아이를 간호해야 할까요?'

그리고 하나님께서는 나에게 이런 음성을 들려주셨다.

"아들이 아프지만 그래도 병원에 입원해 있지 않고 집에서 잠도 잘 자고 있지 않느냐. 너는 계속 전도사를 하고 네 남편이 직장을 그만두고 아들을 간호해라."

그러나 내 머릿속에서는 '그래도 내가 전도사를 사임하고 남편이 벌어야 큰돈을 벌 수 있는데…' 하는 아쉬운 생각이 결정을 흐리게 했다. 그래도 나는 계속 기도하면서 남편과 상의했는데, 결국 남편이 아들을 간호하기로 하고 사업을 정리하기로 하였다. 그때 남편은 회사의 총 책임자로 동업하고 있었는데 남편 역시 기도했는지 앞으로 남은 인생을 주를 위해 살기로 약속했다며 아들을 간호하기로 작정했다.

나는 '하나님, 아들의 병을 고쳐 주세요.' 라고 기도하는데 '내가 고쳐 주리라.' 라는 주님의 음성이 들렸다. 그러나 아들은 여전히 아팠고, 차도가 없었다. 나는 다시 하나님께 기도했다. '하나님, 아들이 아프데요. 고쳐 주신다고 하셨잖아요.' 라고 했더니, 하나님께서 아브라함에게 아들을 주신다고 하셨을 때 아브라함이 기다렸던 것처럼, '너도 때를 기다리라.' 고 하셨다. 그래서 우리는 인내로 기다리며 전도하는 일을 소홀히 하지 않고 책임을 다하며 아들을 치료하는 일에 최선을 다했다.

어느 날, 나는 인터넷으로 이곳저곳 강직성류머티즘에 대해서 알아보다가, 그 병에 걸렸다가 지금은 완쾌된 분들이 써 놓은 글들을 발견했다. 그래서 나는 앞뒤 생각할 겨를도 없이 그 분들 중 한 분에게 전화를 했다. 그분은 강원도에 사시는 분으로 식구 모두가 강직성류머티즘이었는데 문래동에 있는 병원에 다니면서 다 완쾌되었다고 말씀해 주시며 우리에게 "완쾌할 수 있으니 걱정 말라."라고 용기를 주셨다. 그리고는 문래동에 있는 류머티즘 전문병원에 가 보라고 권하셨다.

그러나 남편은 지금 다니는 병원에서 좀 더 치료를 해 보자고 하면서 지금 치료해 주시는 선생님도 일인자이신데 멀리 문래동까지 갈 필요가 있느냐고 미루며 가지 않았다. 또 류머티즘은 현재로서 치료약이 없는데 다른 병원에 가 본들 별 뾰족한 수가 있겠느냐는 생각에서였다.

그래서 나는 병원을 옮기지 않고 아들과 함께 그 병원에 7개월 정도 다녔다. 그러나 아들은 별 차도가 없었다. 하루는 의사 선생님이 "봉규야 너의 하나님께 간절히 기도하니?" 하시며 차도가 없음을 간접적으로 아쉬워하시는 느낌이셨다. 우리는 병원에 갈 때마다 의사 선생님을 전도했다.

그러던 어느 날, 남편은 자기 꿈에 예수님께서 나타나셔서 손가락으로 3번 가르치시며 "빨리 가라, 빨리 가라, 빨리 가라."라고 말씀하셨다고 했다. 그래서 우리는 월요일 아침 일찍, 아이를 둘러업고 문래동에 있는 병원으로 향했다. 사람이 얼마나 많은지 온종일 기다렸다. 이 병원의 의사 선생님은 나라에서 국비로 교육을 받은, 유명한 류머티즘 의사 선생님이셨다. 나랑 나이가 동갑인데 아주 귀한 일을 하고 계셨고, 선생님을 만나러 전국에서 온 환자들이 많았다.

의사 선생님은 이 병에 걸린 어린 아이 중 70% 정도가 완쾌되고 있으니 우리에게도 희망을 가지라고 말씀해 주셨다. 우리는 의사 선생님의 그 말 한마디에 힘을 얻게 되었다. 하나님의 말씀 한 마디가 생명이 되듯이 의사 선생님의 말에도 위력이 있었다. 치료를 받고 나오는데 의사 선생님은 아들이 꾸준히 치료받으면 걸을 수 있다고 하시며 다시 한번 위로해 주셨다.

'오! 하나님, 감사합니다.'

희망이 보이는 듯했다.

그렇게 일주일에 23만 원의 치료비를 내면서 6개월을 다녔다. 다행히 아들은 날이 갈수록 건강이 좋아지기 시작했다. 그러면서 병원 가는

횟수가 3개월에 한 번씩, 그리고 나중에는 아플 때만 한 번씩으로 점차 줄어들었다. 그리고 2년 만에 아들의 병은 완치되었다.

나는 종종 병원비가 없어 '하나님, 돈이 없어요. 도와주세요.' 라고 기도하면, 다른 교회에 다니시는 어떤 분이 자기 꿈속에 하나님께서 나타나서 김숙희 전도사를 도와주라고 하셨다며 돈을 가져오신 적도 있었다.

'도우시는 하나님, 감사합니다.'

병원비의 50%는 하나님께서 사람들을 통하여 주시고, 50%는 우리가 감당하게 하셨다.

2년 동안 봉규는 학교에서 교실을 옮겨 다니는 수업을 할 때마다 친구들의 도움을 받았고, 또 친구들이 봉규의 가방을 들어 주기도 했다. 하나님께서는 병마를 통하여 남을 사랑하며 섬기는 마음을 갖게 하셨고, 넓은 마음을 갖게 하셨다. 또 하나님을 전적으로 신뢰하고 의지하는 믿음을 주셨다. "고난 당한 것이 내게 유익이라. 이로 말미암아 내가 주의 율례들을 배우게 되었나이다."(시 119:71)라는 말씀처럼, 고난의 시간을 통해 주님을 알게 하셨다.

하루는 차를 운전하고 가는데, 옆에 앉은 봉규가 소리를 질렀다.

"엄마, 운전 조심하세요! 사고 나면 큰일이에요!"

나는 아들에게 물었다.

"사고 나면 우리는 어떻게 될까?"

아들은 한참을 생각하더니 이렇게 대답했다.

"아마 엄마는 계속 전도해야 하니까 죽지 않을 것 같아요."

"그럼, 너는 어떻게 되겠니?"

"모르겠는데요."

아들도 전도가 얼마나 중요하고 하나님께서 기뻐하시는 일인지 아는 것 같았다. 최초의 전도 동역자였다. 나는 전도하는 모든 곳에 아들을 데리고 다녔다.

하루는 100주년 기념관에서 전도 세미나가 있어서, 세 살짜리 아들을 데리고 전도 교육을 받으러 목사님과 함께 갔었다. 쉬는 시간이 되어 사람들이 차를 마시려고 했는데 마침 그곳에 아들이 서 있었다. 그런데 어떤 사람이 주전자를 들고 다니면서 사람들에게 물을 따라주다 그 펄펄 끓는 뜨거운 물을 아들의 머리 위에 쏟았다. 그러자 아이가 막 울기 시작했는데 나는 그 소리를 듣고 하늘이 노래졌다.

'하나님, 도와주세요! 어떻게 해요…'

그리고 나는 아들을 보았다. 그런데 신기하게도 그 많은 물이 쏟아졌는데도 아들은 머리, 얼굴, 몸 하나도 데이지 않고 멀쩡했다. 물을 건널지라도 불에 들어갈지라도 하나님께서 도와주시면 상하지 않는다는 것을 믿게 되었다.

전도를 하다 보면 원치 않는 어려움이 올 수 있다. 그럼에도 불구하고 전도만은 쉬지 않고 계속 하면 화가 변하여 복이 되고 또한 물질과 자녀보다 주님을 위해서 일하면 주님은 물질 문제, 건강 문제, 가족 문제를 다 해결해 주신다.

전도하다가 고난이 와도 울면서라도 복음을 위해서 살아야 승리의 기쁨을 맛볼 수 있다. 이 글을 빌어 아들을 위해서 기도해 주신 많은 분께 감사를 드리며 치료해 주신 의사 선생님에게도 감사를 드린다.

"협력하여 선을 이루시는 하나님을 찬양합니다. 질병으로 고생하시는 분들에게 긍휼의 마음을 갖게 하시고 병원 전도에 중요성을 더욱 깨닫게 하심을 감사합니다. 거룩한빛광성교회 병원전도팀 파이팅입니다."

하나님께서는 병든 자들에게 한 것이 내게 한 것이라고 하신다. 우리는 예수님을 대하듯이 아픈 이들을 위해서 복음을 전하고 열심히 중보기도하여 수많은 영혼을 구원해야 한다. 하늘에 별과 같이 빛나는 전도자가 되길….

3. 우리 생애 최고의 축복

노년의 축복

병원 전도를 매주 가면, 노령화 시대가 되어서인지 연세가 높으신 어른들이 많이 입원해 계신다. 나는 그곳에 갈 때마다 젊은 우리가 전도하는 것도 좋지만, 나이 많은 권사님들이 전도하면 더 좋겠다는 생각이 들었다.

그래서 나는 새벽 기도를 할 때마다 이렇게 부르짖으며 기도했다.

'하나님 아버지, 병원 전도할 권사님을 만나게 해 주세요.'

어느 날 새벽 기도 안내를 서고 있었는데 권사님 한 분이 눈에 띄었다. 나는 우리 교인인지, 다른 교회 교인인지도 모르고 권사님께 이렇게 말씀드렸다.

"권사님, 저희 병원전도팀에서 함께 전도했으면 좋겠어요. 한번 기도해 보세요."

"저는 지금 다른 교회에 다니고 있는데 새벽 기도를 드릴 때나 본 교회에 못 갈 때만 이 교회에 나오는 거예요. 지금은 호수공원 노인복지회관에 다니느라 바빠서 시간이 없어요. 그리고 제 나이가 70살이 넘었고 교회 일도 하지 않은지 오래 되었는데, 이 나이에 제가 무엇을 할 수 있겠어요?"

나는 이 말을 듣고 권사님께 이렇게 말씀드렸다.

"권사님! 목사님, 전도사, 장로, 권사는 은퇴가 있지만 전도는 은퇴라는 것이 없어요."

권사님은 50년 동안 △△교회를 다니시면서 정말로 충성으로 봉사하시면서 섬기셨던 분이셨다. 하나님께서 작은 일에 충성한 그 중심을 보시고 70살이 넘은 나이에도 그분을 사용하시고자 하신 것이다.

나는 새벽마다 하나님께 기도했다.

'권사님이 전도자가 되게 해 주세요. 꼭 필요합니다. 하나님, 전도자를 보내 주세요, 세워 주세요.'

그리고 나서 6개월이 지난 어느 날, 오 권사님이 나를 찾아오시더니 이렇게 물어보셨다.

"전도사님, 저도 전도하러 나올게요. 언제 어디로 오면 되나요?"

나는 매우 기뻤다.

"화요일에는 아파트 전도, 목요일과 토요일에는 병원 전도가 있어요. 권사님이 원하는 시간에 나오세요."

"그럼 화요일, 목요일, 토요일 모두 나올게요."

권사님은 나중에 자신이 전도를 하게 된 동기를 우리에게 말씀해 주셨다. 어느 날 권사님이 갑자기 몸이 아프서서 검사를 받고 신장염으로 입원하시게 되셨는데 권사님은 새벽마다 일찍 일어나 성경을 읽으시면서 하나님께 간절한 기도를 하셨다고 한다.

'하나님, 제 병이 낫게 해 주세요.'

노년의 시간에도 전도자의 삶을 사시는 80세 오준례 권사님과 함께

　그런데 기도 중에 전도사님이 같이 전도하자고 한 말이 생각나서 '하나님, 제가 병이 나으면 전도사님과 함께 전도하러 가겠습니다. 제 병을 고쳐 주세요.' 라고 기도를 하고 며칠이 지나 다시 검사를 해 보니 의사 선생님은 이제 괜찮아지신 것 같다고 하며 퇴원해도 되겠다고 말씀하셨다고 했다.

　'하나님 아버지, 정말 감사합니다.'

　하나님께서는 권사님에게 남은 삶을 전도하면서 살도록 하셨고 전도팀에 동참하게 하셨다. 권사님은 얼마나 성실하시고 부지런하신지, 칼같이 시간을 지키시며 열심히 전도에 동참하시고 전도도 잘 하셨다. 또 병원에 가서서 복음을 전하시며 사랑이 담긴 죽을 끓여서 아픈 환자들을 찾아가 잘 섬기셨는데, 환자들이 이 모습에 감동하여 권사님을 어머니처럼 따르며 좋아하셨다.

권사님은 74세에 전도자를 시작하셔서 지금은 80세가 되셨는데, 그동안 얼마나 많은 사람에게 복음을 전하셨는지 모른다. 자기 자신을 위해 써야 할 노년의 시간에도 병원에 가서서 전도하러 다니시며 귀한 시간을 투자하셨다. 권사님은 지옥에 갈 많은 영혼이 구원받도록 축복의 통로로 쓰임 받고 계셨다.

천국 가는 그날까지 복음을 전하시다가 천국을 가시겠다는 그 마음이 참으로 귀하다. 권사님이 전도하러 다니시니까 다른 권사님들도 함께 전도하러 나오시게 되셨을 뿐 아니라 많은 권사님들이 전도하시는 데 힘이 되어 주셨다.

'전도의 불씨로 점화되게 하신 하나님, 감사합니다. 오 권사님을 만나게 하신 하나님, 감사합니다.'

"주께서 내 곁에 서서 나에게 힘을 주심은 나로 말미암아 선포된 말씀이 온전히 전파되어 모든 이방인이 듣게 하려 하심이니 내가 사자의 입에서 건짐을 받았느니라."(딤후 4:17)라고 말씀하신 것처럼 우리가 주의 복음을 전하면 하나님께서는 건강의 복을 주신다. 병들어서 아프게 고생하며 사는 것보다 전도하는 것이 때로는 힘들고 핍박받을 때도 있지만 하나님께서는 이들에게 기쁨을 주시고, 하늘의 상을 주시며, 건강의 복을 주신다.

　나도 하늘나라에 가는 그날까지 주의 복음을 전하는 중인으로 살다가 주님이 오라 하시면 잠자듯이 주의 품에 안기고 싶다.

성령 체험

2003년 봄. 내가 알고 있던 집사님 한 분이 교회를 정하지 못하고 방황하고 있을 때 나는 우리 교회로 그분을 인도하였다.

하루는 그 집사님이 나를 부르며 이렇게 말씀하셨다.

"내가 전도한 한 자매가 있는데 지금 루프스병에 걸려 죽음을 넘나드는 위중한 상태예요. 전도사님이 책임지고 돌봐 주셨으면 좋겠어요."

나는 집사님과 헤어져 돌아오는 길에 그분을 어떻게 돌볼까 고민하며 기도했다.

'성령님, 그분을 어떻게 돌봐야 할지 가르쳐 주세요.'

그리고 성령님은 나에게 감동으로 지혜를 주셨는데 다니엘 기도를 하라는 것이었다.

나는 며칠 뒤, 그 자매님께 전화를 걸었다.

"자매님! 몸이 아프셔서 고생하고 계신다는 이야기를 들었어요. 저희 교회 전도팀이 목요일마다 병원 전도를 나가는데 일주일에 한 번씩 오후에 자매님 집에서 같이 예배 드렸으면 좋겠어요, 괜찮을까요? 그리고 자매님이 21일 동안 다니엘 기도를 하셨으면 좋겠어요. 우리, 가까운 교회에 나가서 새벽에 함께 기도해요."

나는 이렇게 말하며 전화를 끊었다.

그리고 그 자매는 전화 통화 중에 했던 나와의 약속을 지켰다. 하루에 세 번 예루살렘 하늘을 향해 간절히 기도했던 다니엘처럼 하나님께서 계시는 하늘을 향해 하루 세 번씩 기도했고 새벽마다 성전에 나와 부르짖어 열심히 기도했다.

우리는 목요일 오전에 병원 전도를 하고 오후에는 관계 전도와 심방 전도를 했는데 시간이 있는 전도 대원들이 함께 가서 예배를 드렸다. 우리가 다섯 번째 찾아가서 예배를 드리고 통성 기도와 방언으로 기도할 때 천장이 무너질 정도로 강력하고 뜨거운 기도의 문이 열리면서 성령의 강력한 임재가 임하고 더러운 병마가 떠나가는 영적 전쟁을 치렀다. 나는 성령의 임재하심을 느낄 수 있었다. 그래서 방언을 하지 못하는 그 자매에게 방언을 받도록 함께 기도하자고 했더니 좋다고 해서 함께 기도했는데 성령세례 방언을 받게 되었다. 방언을 하면서 눈물로 회개하며 통곡의 기도가 되었다.

다니엘 기도가 끝나갈 때쯤 그 자매는 어김없이 같은 장소와 같은 시간에 기도하는데 그때 하나님께서는 그 자매에게 환상을 보여 주셨다. 자매 몸의 피가 흘러서 자매가 그 피 위에 앉아 있었고 전도팀들이 자매를 빙 둘러서 간절히 기도하는 모습을 하나님께서 보여 주셨다. 그리고 그 환상을 본 후에 신기하게도 그 자매의 건강은 좋아지기 시작했다.

그 자매는 오천만 원 이상을 들여서 조혈모세포이식을 해야 하는 상황이었고 이식 수술을 해도 건강이 회복된다는 보장이 없는 상태였는데 몸의 부기도 빠지고 모든 수치가 정상에 가깝게 회복되어 이식 수술을 하지 않아도 된다는 판정을 받았다. 하나님의 능력과 은혜로 자매의 기도에 응답해 주신 것이었다.

나는 그 자매에게 건강한 몸을 유지하기 위해서라도 일주일에 한 번씩 전도팀을 따라다니면서 병원 전도를 함께하자고 권면했더니 힘닿는 대로 나오겠다고 하면서 하나님 말씀을 잘 알지는 못했지만 우리와 함께 다니며 전도했다. 그 자매는 정말 성실하게 전도팀을 따라다니면서 전도했는데 사랑과 긍휼의 마음으로 환자들을 매우 잘 보살폈다. 병으로 고생했기에 아픈 사람들을 더 잘 이해하고 불쌍하게 여기는 것 같았다. 더욱 놀라운 것은 친정집이 독실한 불교 집안이었는데 그 딸의 아픔을 계기로 기독교로 개종하여 "불심"이라는 액자가 내려오고 "오직 예수"만 섬기는 믿음의 가정으로 하나님께서는 축복해 주셨다.

그 자매는 하나님께서 건강을 지켜 주셔서 신앙생활을 열심히 하며 교회 무료병원팀에 들어가 열심히 봉사하며 외국인 근로자들을 섬기고 맡은 일에 충성하는 하나님의 사람이 되었다. 그리고 자매의 남편도 함께 주님을 잘 섬기게 되었고 자녀도 믿음으로 인도되었으며 지금은 일가친척을 전도하기 위해서 힘쓰고 있다.

그 자매는 불치병에서 치유를 받고 전도함으로 계속 건강을 유지하며 기쁨으로 생활하는 행복한 전도자가 되었다. 그리고 감사의 고백을 했다.

"하나님께서 저와 저의 가정을 사랑하사 질병을 통해 하나님의 자녀로 삼아 주시고 저희 친정을 구원하시려고 저를 사용하신 것이 하나님의 축복이었습니다. 죽음을 넘나들었던 그 고통의 삶을 겪게 하심에 감사합니다. 환란 당한 자, 고난 당한 자, 병 걸린 자들은 고통 중에 하나님의 계획이 있습니다. 고난을 통하여 주의 율례를 배우고 하나님께 쓰임 받는 생애가 되시기를 축복합니다."

'주께서 인생으로 고생하게 하시며 근심하게 하심은 본심이 아니시로다.(애 3:33) 아멘.'

꿈에서 받은 소명

하나님께서 만나게 하신 전도자 김영신 집사님은 늘 몸이 피곤하고 힘이 없어 보이셨다. 김 집사님은 5년 전 일산으로 이사와 일 년 동안 성령이 이끄시는 대로 교회에서 새벽 예배를 비롯한 모든 예배와 성경 통독, 성가대 봉사로 하나님과 일 년 동안 독대하는 시간을 가지셨다. 그리고 성령 충만을 받으신 후 일산에서 가장 전도팀 조직이 잘 되어 있고 훈련을 잘 받을 수 있는 교회라 하여 거룩한빛광성교회에 등록하셨고 전도팀에 들어오시게 되었다고 한다.

집사님이 전도자로 일하실 때, 새벽 예배를 드리는 중에 두 번이나 귀신을 보게 되었는데 그때부터 김 집사님은 늘 몸이 피곤하고 힘이 빠지신다고 했다. 아마 사단의 역사가 아니었나 생각된다.

아무튼 집사님은 이 병원 저 병원에 가 봐도 병명을 제대로 알 수 없는 채로 늘 아파했고, 한약도 먹었지만 늘 힘이 없어 보였다. 그래도 쉬지 않고 우리와 함께 전도하면서 태국 예배도 섬기고 아파트 전도와 축호 전도도 같이 다녔다.

그러던 중 집사님의 시어머니께서 돌아가시고, 같은 해 몇 달이 안 되어 가장 사랑하는 친정아버지가 갑작스러운 사고로 하늘나라에 가시면서 집사님은 교회도 옮기게 되었고 여러 가지 사정으로 전도를 잠시 쉬게 되었다.

집사님이 교회를 떠나시고 나서도, 나는 '김 집사님은 꼭 전도자가 되셔야 하는데…' 하는 마음이 들어 하나님께 기도했다.

'김집사님이 일평생 전도하는 전도자가 되게 해 주세요.'

3개월이 지난 어느 날 집사님께 전화하고 싶다는 생각에 나는 전화기를 들었다.

"따르릉~따르릉~"

몇 번의 신호음이 울리자 "여보세요?" 하는 목소리가 들렸다.

"집사님, 어떻게 지내세요? 보고 싶어서 목소리라도 들으려고 전화했어요."

그리고 우리는 한참 동안 대화를 나누었다. 그런데 집사님은 대화를 하다 말고 "전도사님을 꿈에서 만났어요."라고 말하며 나에게 자신이 꾸었던 꿈을 말해 주었다.

"제가 잠을 자고 있었는데 예수님께서 꿈에 나타나셔서 내가 전도하지 않으면 더 이상 나를 살려 둘 이유가 없다고 세 번이나 말씀하셨어요. 그리고는 제가 암에 걸려서 암센터에 입원해 있었고 전도사님과 전도 대원들이 자기에게 심방을 왔었는데 심방하러 오는 그 모습이 얼마나 부러웠던지…. 그래서 저는 암에 걸려 죽는 것보다 전도하며 건강하게 사는 것이 귀하다는 것을 깨닫고 전도하리라고 다짐하게 되었어요."

집사님은 암센터 병원 앞쪽에 살고 있었는데 암센터 병원에 걸어가 전도할 수 있는 가장 좋은 위치에 살고 있었다. 하나님께서 암환자들을 전도하라고 강권적으로 집사님을 사명자로 부르신 것이다. 그래서 나와 함께 수요일마다 암센터 병원에 전도하러 다녔고, 전도할 때마다 하나님께서는 준비된 영혼을 붙여 주셨다. 또 전도한 사람마다 영접하게 하시며 양육하게 하셔서 수많은 사람을 전도하게 하셨다.

바울과 바나바의 팀 사역을 통하여 하나님께서 역사 하신 것처럼 발걸음 닿는 곳마다 생명의 역사가 나타나게 하셨다. 또 팀 전도의 중요성을 알게 하셨으며, 함께 다닐 때마다 성령의 바람이 불어 부흥의 역사를 체험하게 하셨다.

죽어 가는 사람에게 복음을 전했더니 예수를 영접한 사람의 생명이 연장되는 일들이 일어났고 성령의 역사로 오늘내일 암으로 죽어 가던 환자가 건강이 회복되는 일도 있었다.

김집사님은 하나님의 부르심으로 지금은 신학교에 입학하여 공부하고 있는데, 그 피곤한 와중에도 절대로 전도는 쉬지 않는다. 그리고 다른 사람들에게 전도할 수 있도록 돕는 사역도 하며 전도를 짐이 아닌 즐거움으로 여기고 있다.

또 전도하면서 건강도 회복하고 물질의 복도 받았다. 전도를 깨닫고 신학을 하니까 공부가 너무 쉽고 학교 생활도 재미있다며, 세상에서 맛볼 수 없는 참된 평안과 기쁨을 누리고 계셨다.

"주님 뜻대로 살기로 했네~

　주님 뜻대로 살기로 했네~

　주님 뜻대로 살기로 했네~

　뒤돌아 서지 않겠네~"

날마다 성전에 있든지 집에 있든지 예수를 그리스도라 가르치기와 전도하기를 쉬지 아니하는 삶이야말로 생동감 있고 능력 있는 그리스도인의 삶인 것 같다.

"항상 기뻐하라. 쉬지 말고 기도하라. 범사에 감사하라. 이것이 그리스도 예수 안에서 너희를 향하신 하나님의 뜻이니라."(살전 5:16-18)

하나님께서는 하나님의 말씀을 삼가 듣고 지켜 행하는 자가 복이 있다고 하셨다. 행하는 믿음이야말로 능력이 나타나며 하나님의 일하심을 눈으로 보는 축복을 누릴 수 있다. 하나님께서는 일평생 전도자로 살기로 다짐하고 전도하는 삶을 풍성하게 채우셨고, 나누고 구제하는 삶을 살도록 집사님을 인도하셨다.

"집사님을 통하여 제자가 세워지며 세계 열방이 주께로 돌아오는 축복의 통로로 쓰임 받을 것을 믿습니다. 오늘도 죽어 가는 한 영혼을 살리기 위해서 암센터 환자들을 전도하는 발걸음이 아름답습니다."

최초의 남자 전도자

내가 거룩한빛광성교회에서 전도팀 전도사로 사역할 때였다. 일주일 중 우리 전도팀은 목요일마다 복음병원으로 전도를 가게 되었다.

우리는 10시에 교회에 모여 기도하고 일산복음병원으로 향했다. 일산복음병원은 원장님이 장로님이셨고 기독교에 기반을 두고 세워진 병원이었다. 그래서 전도를 편하게 할 수 있었는데 한 달에 한 번은 우리 교회에서 병원 예배를 인도하였다.

그날도 어김없이 병실마다 돌아다니며 기도해 드릴 환자가 있는지, 하나님께서 예비하신 영혼이 있는지 찾고 있었다. 그런데 이 병실 저 병실 돌아다니다가 문득 눈앞에 들어오는 한 남자분을 발견했다. 우리는 인사를 하며 그분께 다가갔다.

"안녕하세요. 어디가 아프셔서 입원하셨어요? 저희가 기도해 드려도 될까요?"

그런데 알고 보니 그분은 우리 교회에 다니고 계신 김훈 집사님이셨다. 우리는 그런 사실을 모르고 물어보았던 것이었다.

"저도 거룩한빛광성교회에 다니는 집사입니다."

집사님은 우리를 반갑게 맞아 주셨다. 그 집사님은 위궤양으로 병원에 안방 드나들 듯 다니시며 자주 입원을 하여서 치료받고 계셨다. 그전에 집사님은 외국인 은행을 다니셨는데 지금은 작은 사업을 하고 계셨다. 우리는 집사님과 함께 대화를 나누고 집사님을 위해 기도해 드렸다.

집사님은 전도팀이 돌아다니면서 환자들을 위해 기도하며 섬기는 것을 보시고 감동을 하셔서 베리 마틴 선교사에게 "어떻게 하면 전도팀에 들어갈 수 있어요?"라고 물어보셨다. 그래서 베리 마틴 선교사님은 전도를 담당하는 캡틴(김숙희 전도사)에게 물어보시겠다고 하셨다.

이 말을 들은 김훈 집사님은 이렇게 기도하셨다.

"하나님, 저도 저 팀에 들어가서 같이 전도하고 싶어요. 꼭 들어갈 수 있게 해 주세요."

나중에 말씀하신 이야기이지만, 집사님은 전도팀에 들어가는 것이 무슨 시험이나 오디션을 보듯이 어려운 일인 줄 알았다고 하시며 빙그레 웃으셨다.

아무튼 김훈 집사님은 전도팀의 기도와 병원 치료 덕분에 건강을 회복하셨고 토요일마다 전도하러 나오셨는데 매우 기뻐하시며 행복해하셨다.

그리고 김훈 집사님은 우리 거룩한빛광성교회 전도팀의 최초 남자 전도자가 되셨다. 5년 동안 사업을 하셨는데도 불구하고 매주 토요일은 어김없이 시간을 내서서 우리와 함께 전도하러 다니셨다. 집사님은 전도할 사람과 기도해 줄 사람들 이름을 일일이 적어가며 함께 기도해 주시는 충실한 전도자가 되셨다. 전도를 하면서 기쁨을 맛보아서인지, 위

최초의 남자 전도자 김훈 집사님(윗줄 맨 오른쪽)과 함께

궤양도 깨끗이 치료되어서 더 이상 병원에 가지 않아도 되었다. 또 함께 전도하는 베리 마틴 선교사님을 김기정 권사님이 항상 옆에서 통역을 도와드렸는데 권사님이 바쁘실 때에는 김 집사님이 영어 통역을 도와드리는 섬김의 자세도 보여 주셨다.

하루는 김훈 집사님이 병원 전도를 갔다가 예수를 믿지 않는 한 환자를 만나게 되었는데 그 환자는 집사님께 이렇게 말하였다고 한다.

"집사님, 저도 예수를 믿고 싶은데 도와주세요."

그래서 집사님은 그분이 예수를 영접할 수 있도록 도와주셨다. 나중에 집사님이 우리에게 말씀해 주시기를 매일 전도팀만 따라다니다가 직접 복음을 전하려고 하니까 떨리고 긴장이 돼서 무슨 말을 해야 할지 잘 생각이 나지 않았다며 자신이 어떻게 복음을 전했는지도 기억이 나지 않는다고 하셨다. 그러나 그 환자는 많은 은혜를 받고 "아멘! 아멘!" 했다고 말씀해 주셨다.

아무튼 집사님은 한 번의 복음을 전한 이후로는 혼자서도 복음을 잘 전할 수 있게 되셨다. "백문이 불여일견" 이란 말처럼 백 번 듣는 것보다 한 번 해 보는 것이 더 중요한 것 같다는 생각이 들었다. 또 "실패는 성공의 어머니" 라고 한 것처럼 전도에는 실패가 없지만 그래도 그 실수가 전화위복이 되어서 더 전도를 잘하시는 집사님이 되셨다. 지금도 토요 전도팀에 나가시면 외인부대처럼 각 교회를 초월한 팀을 이끄시며 담대하게 복음을 전하시는 할렐루야 집사님이 되셨다.

또 학교 교사로 계시는 친구 집사님의 대학생 딸이 난소암에 걸려서 고통 가운데 있을 때 전도하자고 권면하여 그 아버지를 전도자가 되도록 인도하셨다. 치료가 가장 힘들다는 난소암에 걸린 딸을 위해 함께 기도했더니 우리의 기도와 베데스다 집회에서의 기도를 성령께서 친히 들어 주셨다. 난소암 속에 있는 암들을 메추라기 알처럼 동그랗게 만들어 주셔서 수술할 때 깨끗이 혹을 잘라 낼 수 있게 해 주셨다. 그 딸은 지금 완전히 나아 건강한 몸이 되었다고 한다. 이 딸의 아버지는 하나님께 너무 감사해 하시면서 일평생 온 가족이 전도자의 삶을 살기로 다짐하고 열심히 복음을 전하는 전도자 가족이 되셨다.

"아무튼 거룩한빛광성교회에 최초 전도팀 남자 전도자가 되신 김훈 집사님을 축하드리며 본인이 전도한 사람을 사위로 맞이하게 되신 것과, 가족 모두 전도자가 되신 것에 진심으로 감사와 축하를 드립니다. 집사님 화이팅!"

쌀쌀맞은 몽골 교수

　한국에 있는 원주대학교에 한국어 공부를 하러 온 몽골 여자 토리라는 분이 있었다. 공부를 다 마치고 본국으로 돌아가기 전에 한 달간 공백 시간이 있어 돈을 벌 작정으로 일산에 있는 공장에 와서 일을 하게 되었다. 보름 정도 지났을 때쯤, 토리는 2층 컨테이너 안에서 일하다가 갑자기 컨테이너가 아래로 떨어지면서 두 다리가 부러지는 사고를 당했다. 그래서 토리는 일산복음병원에 입원하게 되었는데 어느 날 일산복음병원에 전도하러 갔다가 우연히 토리를 만나게 되었다. 나는 토리에게 복음을 전하려 했는데 토리는 나를 얼마나 쌀쌀맞게 대하고 핍박하던지 말을 붙일 수가 없었다. 아예 이불을 덮어쓰고 상대도 해 주지 않는 깐깐한 아주머니였다. 그래서 나는 하나님께 기도했다.

　'사마리아에서 강도 만난 사람을 못 본 척하고 지나간 한 제사장처럼, 레위인처럼 그냥 모르는 척할까요? 아니면 어떤 사마리아인처럼 아는 척해야 할까요?

　하며 기도하는 중에 하나님의 음성이 들렸다.

　'왜 토리가 한쪽 다리만 다치지 않고 두 다리가 부러진 줄 아니?

　나에게 이렇게 물어보시며 하나님께서는 저 영혼을 구원하기를 원하신다고 하셨다. 그래서 나는 다시 주님께 여쭈어 보게 되었는데 하나님께서는 추석 때 맨입으로 전도하지 말고 돈을 주라고 하셨다. 그래서 '얼마를 주면 될까요?' 하고 기도했더니 토리에게는 7만 원을 주고 그 옆에 있는 친구는 3만 원을 주라고 하시며 음료수를 사서 가라는 감동을 주셨다.

추석 바로 전날, 비가 억세게 쏟아지는 날씨에도 불구하고 나는 한 영혼을 위하여 차를 몰고 일산복음병원으로 갔다. 그리고 토리에게 이렇게 말했다.

"안녕하세요. 아주머니, 건강은 좀 어떠세요? 추석도 다가오는데 고향에도 가지 못하고 아주 고생하시네요! 무슨 음식을 좋아하시는지 몰라 아무것도 못 사왔는데, 얼마 안 되는 돈이지만 맛있는 것 사 드세요."

나는 토리에게 돈을 내밀었더니, 토리는 미안해하면서도 지금 자신의 형편이 돈이 없어서 힘들었는데 고맙다며 두 손을 꼭 잡아 주었다. 그 이후 토리는 마음의 문을 조금씩 열었고 우리와 조금씩 친해지게 되었다. 나는 이 일을 계기로 병원에 매주 찾아가 기도해 주며 예수님을 영접시켰다. 그리고 몇 달 뒤에는 교회로 인도하여 예배를 함께 드렸고, 주일마다 남편이 교회까지 차를 태워다 주었다.

토리는 몽골인이었지만, 한국어를 할 줄 알아서 나와 말이 잘 통했다. 다리를 많이 다쳐서 오랫동안 병원에 있었는데 그 시간을 통해 토리는 하나님의 말씀을 더 많이 접할 수 있었다. 또 몽골 사람을 만났을 땐 통역도 해 주어서 함께 전도하는 동역자가 되었고, 이나미 권사님을 통해 일대일 제자 양육 공부도 함께 할 수 있었다. 토리는 하나님을 믿고 기도하는 믿음의 사람이 되었다.

하나님께서는 서류를 준비하는 것에서부터 보상 문제나 여러 가지 일들을 해결해야 할 때마다 토리를 도와주도록 나를 인도하셨다. 신기하게도 토리 혼자 하려고 하면 잘 안 되다가 나랑 같이 가서 하면 순조롭게 해결되는 일들이 일어났다. 하나님께서는 예수 그리스도를 믿게 하기 위해서 하는 일마다 도움을 받게 하시는 것 같았다.

토리 부부는 함께 예수를 믿었는데 토리는 몽골에 들어가면 교수로 일할 수 있을 것이라며 빨리 다리가 완쾌되기를 기다리고 있었다. 하나님께서는 토리 부부를, 한국에서 예수님을 만나게 하기 위해서 하나님의 절대 주권 속에서 구원을 받게 하시고 몽골 사람들을 전도하며 복음을 전하는 하나님의 사람으로 택하셨다.

토리 부부는 '하나님의 영광을 나타내는 유명한 교수로 쓰임 받고 학생들에게 복음을 전하는 전도자가 되게 해 주세요.' 라는 기도와 함께 전도하는 교수가 되기로 약속하고 본국으로 돌아갔다.

본국으로 돌아가기 전날, 토리는 나에게 이런 고백을 했다.

"전도사님, 처음 전도사님을 봤을 때 이불을 뒤집어쓰며 모른 척하고 쌀쌀맞게 대해서 죄송해요. 그동안 도움을 많이 주셔서 감사합니다. 잊지 못할 거예요…"

언젠가 우리가 다시 만날 날을 기대합니다.

"하나님의 지혜에 있어서는 이 세상이 자기 지혜로 하나님을 알지 못하므로 하나님께서 전도의 미련한 것으로 믿는 자들을 구원하시기를 기뻐하셨도다."(고전 1:21) "십자가의 도가 멸망하는 자들에게는 미련한 것이요, 구원을 받는 우리에게는 하나님의 능력이라. 주의 복음이 땅 끝까지 전파 된 후에 끝이 오리라."(고전 1:18)라는 말씀처럼 하나님께서는 몽골 땅에 하나님의 축복의 통로로 토리 부부를 복음의 사람으로 택하셨다.

'사용하여 주시고 택하여 주신 하나님, 감사합니다. 아멘.'

동역자를 붙여주심

내가 집사로 일하고 있을 때, 어느 날 이사하면서 나는 하나님께 기도를 하게 되었다.

"하나님, 언제든지 함께 전도할 동역자를 주세요. 저는 학벌이 좋지 않으니까 명문대에 나오고 32평 이상의 집에 사는 사람을 만나게 해 주세요. 그래야 제가 전도를 폭넓게 할 수 있을 것 같아요."

이사를 한 바로 다음날, 예전부터 알고 지냈던 집사님에게서 한 통화의 전화가 걸려왔다.

"집사님! 저도 함께 전도하고 싶은데 같이 다녀도 될까요?"

'하나님, 할렐루야!'

어쩌면 이렇게 직접 전화가 와서 동역자를 붙여 주시는지 너무 감사했다. 집사님은 약사로 근무하셨는데, 파트타임으로 일하셨기 때문에 시간을 내실 수 있었다. 남편분은 서울법대를 나오셨고 전화하신 집사님은 부산대학교를 졸업하신 그야말로 명문대학 출신의 부부였다. 그 시절에는 학교에서도 아파트 평수나 학벌로 눈높이를 맞추었기에 평수가 작은 아파트에 살거나, 학벌이 자기보다 못한 사람을 무시하는 경향이 있었다. 그래서 나는 더 많은 영혼을 전도하기 위해 학벌 좋은 사람, 넓은 평수에 사는 사람도 나와 함께 전도할 수 있기를 기도했었다.

나는 집사님에게 약국에 약을 사러오는 사람 중에 얼굴이 어둡고 힘든 사람이 있으면 관심을 두고 집 주소와 전화번호를 물어봐서 직접 찾아가 전도하자고 했다. 그러던 중 얼마 전 약국에 왔던 얼굴이 아주 어둡고 불쌍한 아가씨가 있다고 말씀하시며 그 아가씨를 전도하자고 하시기에 그 집을 찾아가게 되었다. 그런데 그 아가씨는 우리가 전화하면 오라고 말하면서도 막상 찾아가면 문도 열어 주지 않았다. 또 집에 아무도 없는 날도 많았고 석 달을 매주 찾아가 보았지만 한 번도 만나지 못했다. 그러나 우리는 포기하지 않고, 날마다 그 땅을 밟으며 그 집 앞에서 기도하고 돌아오게 되었다.

그러던 어느 날, 우리는 다시 아가씨 집에 전화를 했다. 이번에는 어머니가 받으셨다.

"어머니, 따님 좀 만나려고 하는데 약속을 해도 만날 수가 없네요."

그리고 나서 우리는 지금 딸이 집에 있는지 물었더니 집에 있다고 하셨다.

"그러면, 문 좀 열어 주세요."

우리는 이렇게 해서 어렵게 그 아가씨 집에 들어가게 되었다. 직접 가서 아가씨를 보니 더러운 귀신이 복음을 듣지 못하도록 그 자매를 이리저리 끌고 다니고 있었다. 아가씨의 얼굴은 일그러져 있었고 자기 몸도 잘 관리하지 못하고 있었다. 60평짜리 집에 살고 있었는데 집은 쓰레기장처럼 엉망이었고 거실에 있는 큰 유리는 볼링공을 던져서 깨져 있었다. 방은 속옷과 휴지 등이 이리저리 뒹굴고 있었고, 온 집안은 발 디딜 틈도 없을 정도로 어질러져 있었다.

어머니는 자기 딸이 화가 나면 자신도 때리고 아버지도 때리기도 하며 때로는 가출하여 호텔에서 생활하며 몇 백만 원씩 쓰고 집에 돌아온다고 했다. 어머니는 서울대학교를 나오셨고 아버지는 고려대학교를 나오셨으며 이 아가씨는 이화여자대학교를 나온 명문가 집안이었다. 아버지는 예전에 고위 관리직에 계셨으며, 아가씨는 대학을 다니면서 바이올린을 전공했다. 그런데 이 아가씨가 바이올린 실기 시험이 있는 날 날짜를 잘못 알아서 시험을 보지 못해 유급된 적이 있었다. 그때부터 아가씨는 충격을 받고 방에서 나오지 않더니 정신이 이상해졌다고 한다.

이 아가씨는 어릴 때부터 최고의 유치원, 초등학교, 고등학교에 다녔고 최고의 좋은 옷, 최고의 과외 선생님까지 가장 좋은 것만 누리고 살았다. 또 딸은 아버지에게 유학을 보내 달라고 했는데 아버지는 몸이 좋지 않아서 안 된다고 했더니 상태가 더 나빠져서 병원에도 다니고 약도 먹고 있는데 차도가 없다고 했다.

정말이지, 이 아가씨는 눈을 뜨고 볼 수 없을 정도로 심각한 우울증 환자였다. 아니, 더 악한 영의 장난처럼 보였다. 어머니는 종교가 불교이셨지만, 이 딸은 교회에 가고 싶어 했다.

나는 함께 간 오 집사님과 아가씨를 위해 기도해 주었다. 그리고 복음을 전했다.

"예수님께서 우리 죄를 위해서 돌아가시고 십자가에서 보혈의 피를 흘리시므로 우리를 모든 죄에서 건져 주셨어요. 누구든지 마음을 열고, 내 죄를 위하여 죽으시고 부활하신 예수님을 마음으로 믿고 입으로 시인하면 구원을 받을 수 있어요. 하나님께서는 그리스도의 피로 우리를 하나님과 가까워지게 하셨어요."

"너희는 그 은혜에 의하여 믿음으로 말미암아 구원을 받았으니 이것은 너희에게서 난 것이 아니요, 하나님의 선물이라. 행위에서 난 것이 아니니 이는 누구든지 자랑하지 못하게 함이라."(엡 2:8-9)

그리고 이어서 나는 아가씨에게 예수님을 영접시켰다.

"하나님을 모를 때는 세상 풍조를 따르고 공중권세 잡은 자를 따랐지만 우리가 공중권세 잡은 자에게서 떠날 수 있는 방법은 예수님을 영접하고 하나님의 자녀가 되는 길밖에 없어요. 이 시간에 예수님을 마음에 영접하시겠어요?"

"네~. 하나님 아버지, 나는 죄인입니다. 예수님께서 나의 모든 죄를 대신 지시고 십자가에서 죽으시고 부활하신 것을 믿습니다. 이제 내 마음을 열고 예수님을 나의 구주로 영접합니다. 이제부터 예수님만을 믿고 살겠습니다. 예수님의 이름으로 기도합니다. 아멘."

때를 얻든지 못 얻든지 꾸준히 3개월 이상 매주 찾아가서 기도했더니 하나님의 은혜로 예수님을 순수하게 영접하였다. 예수님을 영접하면서 놀라운 변화가 일어났다. 바로 그 아가씨의 정신이 온전해지게 된 것이었다. 아가씨는 순한 양으로 변해갔고 나에게 "다음에 또 와 줄 수 있느냐?"고 하기에 나는 "매주 오겠다."라고 약속했다.

나는 전도하러 갈 때 제자들을 둘씩 짝 지어 보내신 예수님의 마음을 알 것 같았다. 혼자서는 두려워서 할 수 없는 전도도 둘이 하니까 더 담대해지고 두려움이 없어졌다.

나는 가난하고 어려운 환경에서 자라서 옷도 얻어 입고 자랐고 아버지도 없이 유복자로 자랐지만, 어머니가 믿음으로 나를 키우셔서 늘 마음이 평안하고 즐거웠다.

그러나 이 아가씨는 나와 반대로 아주 세상적으로 볼 때는 어떠한 것에도 부족함 없이 자랐는데도, 그 삶은 행복해 보이지 않았다. 하나님이 없는 삶은 참된 평안이 없는 것을 보았다. 아가씨는 삶 속에서 감사하지 못하고 원망과 불평만이 가득했다. 그래서 나는 이 아가씨에게 내 이야기를 해 주면서 부모님에게 감사하는 마음을 심어 주었다.

복음을 깨닫고 보니 지난 시절의 힘든 삶들이 모두 전도의 도구가 되었다. 고생과 연단을 통하여 인내를 배우고 남을 배려하며 기다릴 수 있는 넓은 마음을 갖게 되었다. 아가씨는 양육을 통하여 건강을 회복하고 교회도 나오게 되었다. 그리고 대학원에 진학하여 배우고 싶은 공부도 하게 되었다.

아가씨는 "우리 아버지는 절대로 예수 안 믿어요." 하면서, 아버지가 예수를 믿으면 손가락에 장을 지진다고 했다. 그러나 나중에는 그 아버지도 예수님을 영접하고 교회에 나오시게 되었다. 하나님께서는 온 가족이 함께 교회에 나와서 예배를 드리는 은혜를 주셨다. 딸의 아픔을 통하여 하나님을 찾게 하셨고 구원을 얻게 하셨다.

"너희 중에 고난 당하는 자가 있느냐 그는 기도할 것이요, 즐거워하는 자가 있느냐 그는 찬송할지니라." (약 5:13)

"환난 날에 나를 부르라. 내가 너를 건지리니 네가 나를 영화롭게 하리로다." (시 50:15)

"보라. 형제가 연합하여 동거함이 어찌 그리 선하고 아름다운고 머리에 있는 보배로운 기름이 수염 곧 아론의 수염에 흘러서 그의 옷깃까지 내림 같고 헐몬의 이슬이 시온의 산들에 내림 같도다. 거기서 여호와께서 복을 명령하셨나니 곧 영생이로다." (시 133:1-3)

전도팀의 아름다움

1) 팀 전도 : 함께 동역하기(총알 전도가 폭격 전도가 된다)

예수님께서는 열두 제자들과 동행하면서 함께 전도하시고 때로는 혼자서도 전도하셨다. 70인 전도대를 세워서 둘씩 보내사 전도하게 하셨고, 예수님께서 부활승천하시고 나서 마가 다락방에 있던 120명에게 성령이 임하여 각 나라 방언으로 알아듣게 하시고 복음을 전하게 하신 것과 같이 팀 전도의 유익은 한 사람은 천이지만 두 사람은 만 명을 감당할 수 있다고 성경에서 말씀하고 있다.

모세에게는 아론과 훌이 있었고, 바울에게는 바나바, 누가, 디모데, 브리스길라와 아굴라 등 많은 동역자가 있었다. 그리고 엘리야에게는 끝까지 따라다니며 갑절의 영감을 받는 제자 엘리사가 있었고 모세에게는 여호수아가 있었으며 나에게도 많은 전도 동역자가 있었다.

2) 전도팀의 중요성

면접을 보는데 거룩한빛광성교회 정성진 담임 목사님이 "나는 전도사님이 전도를 많이 하시는 것보다 성도들이 전도하는 것이 더 중요하다고 생각합니다. 왜냐하면 성도들이 전도해야 영이 살고 복을 받으며 하늘의 상급을 받기 때문입니다. 지금도 매주 부흥되지만 전도를 통해 더 부흥되기를 원합니다. 지금은 10%가 전도되어서 오고, 90%가 스스로 오고 있습니다. 앞으로는 50:50의 전도가 되었으면 좋겠습니다."라고 말씀하셨다.

그리고 나서 전도팀이 만들어졌고 처음에는 6명으로 시작했는데 지금은 200명이 되었다. 6년 동안 우리는 매일매일 전도하였고 전도자들을 세우는 일에 최선을 다하며 함께 뒹굴면서 제자 훈련을 했다. 심방을 다니면서도 성령이 감동되는 사람은 함께 전도하자고 전도자로 초청했으며, 교회 안에서도 전도자를 뽑아서 세웠다. 예수님께서도 고기 잡는 베드로에게 나를 따라 오너라 하시며 초청한 것처럼 나도 전도자를 찾아서 초청을 하였다.

전도자들이 많아지면 폭발적인 전도가 이루어진다. 교회마다 12명의 전도자만 있어도 엄청난 부흥이 있을 것이며 12명이 아니라도 2명만 꾸준히 매일 나가서 전도하면 교회는 부흥될 것이며 전도자들이 더 많이 생겨날 수 있을 것이고 전도하는 교회는 부흥된다.

"그러므로 너희는 가서 모든 민족을 제자로 삼아 아버지와 아들과 성령으로 이름으로 세례를 베풀고"(마 28:19)라고 하신 것처럼 제자를 세우는 것도 교회의 사명이다. 예수님께서 3년 동안 제자들을 데리고 다니신 것처럼 본이 되어서 보여 주고 가르쳐야 전도하는 방법을 모르는 사람도 보고 배우게 된다.

"너희는 내게 배우고 듣고 본 바를 행하라. 그리하면 평강의 하나님

전도세미나 이후 전도팀과 함께

이 너희와 함께 계시리라." (빌 4:9)

3) 전도하는 사람은 건강한 성도가 되며 상이 있다.

우리의 삶이 전도하는 삶이 되면 감옥에서 바울이 기뻐하고 기뻐하라고 말한 것처럼 우리도 기쁨을 누릴 수 있다. 좋은 콜레스테롤은 전도하고 돌아올 때 많이 생긴다. 하나님께서는 귀신이 하늘로서 떨어지는 것보다 네 이름이 생명책에 기록된 것으로 기뻐하라 하셨다. 전도하는 사람에게는 기쁨이 오므로 자연스럽게 건강의 복을 받게 된다.

"주께서 내 곁에 서서 나에게 힘을 주심은 나로 말미암아 선포된 말씀이 온전히 전파되어 모든 이방인이 듣게 하려 하심이니 내가 사자의

입에서 건짐을 받았느니라.”(딤후 4:17)

주님께서는 우리의 모든 필요를 채워 주신다.

“그런즉 너희는 먼저 그의 나라와 의를 구하라. 그리하면 이 모든 것을 더하시리라.”(마 6:33)

일한 대로 상 주시는 하나님이시다.

“믿음이 없이는 하나님을 기쁘시게 하지 못하나니 하나님께 나아가는 자는 반드시 그가 계신 것과 또한 그가 자기를 찾는 자들에게 상 주시는 이심을 믿어야 할지니라.”(히 11:6)

“보라 내가 속히 오리니 내가 줄 상이 내게 있어 각 사람에게 그가 행한 대로 갚아 주리라.”(계 22:12)

4) 지치지 않고 꾸준히 할 수 있다.

시간을 정해 함께 모여서 전도하면 꾸준히 할 수 있다. 그리고 서로 힘이 되기 때문에 전도하는 것이 즐겁고, 또 서로를 통해서 전도하는 것을 보고 배울 수 있어서 좋다. 비가 오나 눈이 오나 추우나 더우나 하기 싫어도 하게 된다.

전도는 다양한 방법으로 할 때 많은 사람을 만날 수 있다. 또 전도자들이 자기가 원하는 파트에서 전도하면 즐겁게 할 수 있다.

■ 화요전도팀 : 아파트 전도, 노방 전도

■ 수요전도팀 : 상가 전도, 관계 전도

■ 목요전도팀 : 병원 전도, 심방과 양육

■ 금요전도팀 : 외국인 근로자 전도와 양육

■ 토요전도팀 : 병원 전도와 어린이 전도, 심방 환자 기도회
  (병원 전도, 학교 전도, 노방 전도, 상가 전도, 아파트 전도, 축호 전도)

■ 준비물 - 전도수첩,「행복의 길」복음제시 책, 주보, 복음전도지, 사탕, 껌, 계피차, 어묵, 호박죽 기타 등등

① 영적 자세 : 성령 충만, 주야로 말씀 묵상, 성령 안에서 기도, 온 천하에 다니며 만민에게 복음을 전파.(항상 기뻐하라, 쉬지 말고 기도하라, 범사에 감사하라)

② 육적 자세 : 기뻐, 바뻐, 예뻐.(삼뻐)
  미소, 인사, 대화, 칭찬, 사랑.(미인 대칭사)

③ 마음 자세 : 사랑만이, 희생만이, 믿음만이, 즉시 순종만이 능력이다.

④ 전도 시작 기도

'하나님 아버지, 감사합니다. 내가 예수 그리스도의 이름으로 이곳을 주 보혈로 덮노라. 내가 예수 그리스도의 이름으로 여기에 하나님의 영광이 임하였음을 선포하노라. 내가 예수 그리스도의 이름으로 이곳에 하나님의 나라가 도래하였음을 선포하노라. 주의 말씀이 선포될 때에 주의 역사가 일어날 것을 선포하노라. 성령님 초청합니다. 환영합니다. 인정합니다. 이 자리에 오셔서 강하게 성령으로 역사해 주시옵소서. 예수님의 이름으로 기도합니다. 아멘 .'

⑤ 찬양

구주의 십자가 보혈로(250), 죄에서 자유를 얻게 함은 보혈의 능력(268), 변찮는 주님의 사랑과(270), 마귀들과 싸울지라(348), 온 세상 위하여(505), 아버지 사랑합니다, 두 손 들고 찬양합니다 다시 오실 왕, 예수 이름으로 예수 이름으로, 할 수 있다 하면 된다 해 보자, 할 수 있다 하신 이는, 내가 예수 알기에 가만히 있을 수 없네, 주님의 성령이 임하여서, 새벽부터 우리 사랑함으로써

4. 주님과 함께하는 복된 발걸음

바캉스 여행

　더위가 오기 시작할 초여름 무렵, 우리 전도팀은 규모가 큰 아파트 단지로 축호 전도를 나가게 되었다. 집집마다 다니며 전도할 영혼을 찾고 있을 때, 하나님께서는 이 권사님에게 한 부부를 만나게 하셨다.

　두 분은 동해안 어느 해변 근처 개인 주택에서 살고 계셨는데, 겨울에는 일산에 있는 딸집에 가끔 오셔서 지내시고 계셨다. 어머님은 한국 전쟁 때 여군 장교로 지내셨고, 아버님은 헌병대에 계셨었다. 지금도 어머님은 전쟁 화보나 한국 전쟁 영상에 자신이 우리나라 여군 장교로 나온다고 하셨고 강원도에서 여러 회장직과 많은 활동을 하고 계셨다.

　어머님, 아버님은 일산에 사는 딸집에 오셨다가 이 권사님을 통하여 전도되셔서 교회에 나오시게 되었는데 이제 남은 인생을 예수를 믿으면서 기도하며 사시겠다고 하시며 주일 성수도 잘 지키셨다.

　나는 교회에서 이분들을 자주 만나게 되었는데 어머님이 수술로 건강이 조금 안 좋으실 때라, 자주 전화로 기도해 드리면서 돌보아 드리게 되었다.

　그런데 얼마나 지났을까, 몇 주일째 교회에서 아버님, 어머님을 뵐 수가 없었다. 혹시나 하는 생각에 전화기를 꺼내 번호를 눌러 내려가기 시작했다. "따르릉, 따르릉~" 하고 벨소리가 여러 번 울렸지만 전화를 받지 않으셨다. 나는 '왜 전화를 받지 않으실까?' 하는 걱정이 들어 다시 전화번호를 누르기 시작했다. "따르릉, 따르릉~" 한참 벨이 울리고 나서야 말소리가 들렸다.

"여보세요?" 목소리는 작고 가라앉아 있었다. 어딘가 몸이 불편하신 것 같았다.

"아~ 어머님, 저예요, 안녕하셨어요?"

그때야 어머님은 나를 알아보셨다. 나는 어머님과 전화로 한참 대화를 나누었다. 어머님은 지금 동해에 있는 자신의 집에 있다며 시간이 나면 한번 놀러 오라고 하셨다. 그리고 우리는 아쉬움을 뒤로 하고 전화를 끊었다.

여름휴가 때였다. 나는 '여름휴가를 어디로 갈까?' 하고 생각하다가 강원도 동해로 가기로 했는데 어머님도 만나 뵙고 양육도 해 드리면 좋겠다는 생각이 들었기 때문이다. 그래도 혹시나 하는 생각에 동해에 계신 어머님에게 전화를 했더니, 반가워하시며 놀러 오라고 하셨다.

그리고 나는 바로 이 권사님에게 시간이 되면 같이 가자고 전화를 드리고는, 먼 전도 여행의 부푼 꿈을 안고 일찍 잠자리에 들었다.

다음날 아침, 우리는 일산 집에서 출발하여 오후 2시쯤 동해 어머님 집에 도착하게 되었는데, 어머님과 아버님께서는 우리를 아주 반갑게 맞아 주셨다. 어머님 집은 해변 언덕 위에 있었고, 밀물 때가 되면 집 아래까지 바닷물이 들어오는 바다가 한눈에 보이는 정말 경치 좋은 집이었다. 옆으로는 항구와 어시장과 횟집들이 있었고, 야경은 얼마나 아름다운지 환상적이었다. 조금만 내려가면 해수욕장이 있어서 해수욕도 했는데 사람이 적고 물이 너무 맑고 깨끗했다.

나는 이 동네를 위해 기도하기 위해 아침 일찍 일어났는데 새벽 공기가 아주 좋고 상쾌했다. 예수님께서 갈리리 호숫가에서 제자들에게 생선을 구워 주셨던 그 모습이 정말 분위기 있고 참 좋았을 것 같다는 생각이 들었다.

저녁 때는 바닷가가 내려다보이는 옥상에서 밥을 해 먹고 아버님, 어머님의 인생 이야기를 들었다. 또 우리는 아침과 저녁 때 가정 예배를 드리며 아버님, 어머님에게 성경 말씀과 기도를 가르쳐 드리고 사도신경과 주기도문을 암송하게 하였다. 연세도 있으시고 건강도 조심하셔야 할 때라 우리가 더 많은 것을 섬겨야 했지만, 오히려 이것이 복음을 전할 좋을 기회라는 생각이 들었다.

아버님은 장교 출신이시라 순종이 몸에 배에 있으셔서 하나님 말씀을 너무나도 잘 박힌 못과 같이 알아들으시고 또 즉시 순종하시는 멋진 분이셨다. 우리가 어머님, 아버님에게 자세히 성경 말씀을 가르쳐 드렸더니, 고맙다며 매우 기뻐하셨다. 우리는 항상 배우고 확신한 일에 거하라고 하신 하나님 말씀처럼 어린아이, 중년, 노년에 이르기까지 말씀의 기초를 가르쳤다.

이 두 분은 성경을 읽고는 싶지만 눈이 어두워 글씨를 오래 볼 수 없

해변가 근처에 있는 집에서 밤새 양육한 후

다고 하시며, 젊었을 때 주님을 만나지 못한 것이 아쉽다고 하셨다. 문틀 위에는 많은 부적이 붙어 있었는데 하나님께서는 우상과 하나님을 겸하여 섬기는 것을 싫어하신다고 말씀드렸더니 성경 공부하는 중에 모든 부적을 떼서서 예배가 끝난 후에 그것을 불에 태워 버리셨다.

또 아버님은, 옛날에는 오징어가 잘 잡히고 고기도 많았는데 요즘은 고기가 없어서 어부들의 삶이 어렵다고 걱정하셨다. 그래서 나는 아버님에게 인간이 할 수 있는 것에는 한계가 있다고 말씀드렸다.

"아버님, 모세가 손을 들고 기도했듯이 이 좋은 언덕 집에서 바다를 향하여 손을 들고 새벽마다 기도해 보세요. 그리고 어부 베드로가 고기를 한 마리도 잡지 못했을 때 예수님께서 나타나셔서 깊은 데로 가서 그물을 내리라고 하시기에 자기 실력을 내려놓고 예수님 말씀에 의지하여 그물을 내렸더니, 153마리의 각종 물고기가 잡혀서 친구들을 불러 도와 달라고 했던 것처럼 아버님이 동네 주민분들을 위해 한번 기도해 보세요."

내가 아버님에게 이렇게 말씀 드렸더니 아버님은 그렇게 하시겠다고 하시면서 새벽마다 기도하시는 동네 파수꾼, 기도의 아버지가 되셨다.

"아무 것도 염려하지 말고 다만 모든 일에 기도와 간구로, 너희 구할 것을 감사함으로 하나님께 아뢰라. 그리하면 모든 지각에 뛰어난 하나님의 평강이 그리스도 예수 안에서 너희 마음과 생각을 지키시리라."(빌 4:6-7)

바닷가의 밤바람은 시원하면서도 무척 끈적거렸다. 날이 새는 줄도 모르고 양육을 했는데 얼마나 보람이 있었는지 피곤한 줄도 모르게 하루가 지나갔다. 또 어머님의 친척 되시는 분이 영곡리 소금강 온천을 운영하고 계셨는데 피부병과 무좀이 잘 치료되는 온천이라고 하시며 무료이용권을 주셨다. 그래서 다음날 우리는 목욕도 하고, 여행도 하며 즐거운 시간을 가졌고 함께 가셨던 이 권사님은 덕분에 무좀이 치료되었다.

오후에는 메밀국수를 잘하는 곳이 있다고 안내해 주셔서 함께 점심을 먹으러 갔는데, 정말 소문대로 값싸고 맛있는 식당이었다. 집으로 돌아오는 길은 해변의 시원한 바람이 바닷 냄새를 풍기며 즐거워하는 것 같았고, 조명을 내뿜는 가로등은 우리를 축하해 주는 것 같았다. 우리는 피곤한 몸을 침대 위에 뉘이며 내일을 기약할 여유도 없이 꿈속 먼 여행 길로 빠져 들었다.

다음날 아침, 우리는 일어나서 밥을 먹고 집으로 가기 위해 주섬주섬 가방을 싸고 있는데 어머님은 우리에게 언제든지 놀러 오라고 하시며 콘도처럼 자유이용권을 주셨다.

1년 후, 나는 속초에 있는 한 교회에 전도 지원을 가면서 다시 어머님 댁을 방문하게 되었는데 마침 두 분이 집에 계셔서 만나볼 수 있었다. 아버님은 예전보다 고기가 많이 잡힌다고 좋아하셨다. 이 동네가 아버님의 기도로 모두 예수 믿고 구원받는, 살기 좋은 동네가 되었으면 좋겠다. 그리고 시간이 나면 아버님이 다니시는 교회에 가서 그 동네를 위해서 전도 지원을 해 드리고 싶다. 기도하는 한 사람은 기도하지 않는 한 민족보다 낫다고 하신 말씀처럼, 기도의 사람이 참으로 중요한 것 같다. 하나님께서 의인 10명만 있으면 소돔과 고모라 성을 멸하지 않겠다고 하셨던 것처럼 내가 이 시대에 의인이 되어 하나님의 나라가 세워지는 데 도구로 사용되어졌으면 좋겠다.

시간을 일일이 내서 전도한 가정들을 꾸준히 관심을 갖고 돌보는 일이 참 중요하다. 시간에 쫓기면서 바쁘게 살다 보니 일일이 돌보지 못한 곳이 아주 많은 것 같다.

'하나님, 합력하여 선을 이루게 하심에 감사드립니다. 좋으신 하나
님 아버지, 어머니를 만나게 하셔서 감사합니다. 늘 건강하시고 성령 충
만하여 주일 성수 잘하게 하시며 믿음이 날마다 자라며 기도의 사람으
로 온전케 되시기를 기도합니다.'

일본 여행

1999년, 알코올 중독과 여러 가지 질병으로 늘 병원에 입원해 계셨던 집사님 한 분이 계셨다. 예수님을 믿으면서도 고생하시는 것이 안타까워, 나는 직장이 끝나면 매일 병원에 들려 기도해 드리며 심방을 했다. 매일매일 심방을 갔더니 다행히 집사님은 건강이 많이 좋아지셨다.

하루는 내가 병원에 갔을 때, 같은 병실에 어떤 아저씨가 입원을 했는데 열이 떨어지지 않아 무척 위급한 상태였다. 아저씨 옆에는 딸이 함께 있었는데 심방 간 그 시간에 그 아저씨 딸이 나에게 다가와서 간절히 부탁하는 것이었다.

"저기…. 집사님이신지, 전도사님이신지 잘 모르겠지만 우리 아버지를 위해 기도 좀 해 주세요."

나는 그 아가씨에게 예수를 믿느냐고 물어봤더니 아버지는 안 믿으시고 자신은 믿는다고 하였다. 이런 저런 이야기를 나누고 그 아저씨를 위해 기도하려고 했는데 그때 갑자기 예수님께서 베드로 장모의 열병을 고치신 일이 생각났다. 그래서 난 이마와 가슴에 손을 얹고 눈물의 기도를 드렸다.

"하나님 아버지, 베드로의 장모가 열병으로 누워 있을 때 그 손을 잡아 일으키시니 열병이 떠나고 나았나이다. 하나님께서 택하신 사람이라면 이 시간에 기적을 보여 주셔서 열병이 떠나가게 하시고 건강을 회복케 하셔서 예수 믿고 구원받게 해 주세요."

그런데 놀랍게도 기도하자마자 기적이 일어났다. 열이 많이 나서 말도 못하고 생사를 왔다갔다 할 정도로 위독한 상태였는데 아저씨의 열이 떨어지기 시작한 것이다. 10분 후에 간호사가 들어와서 열을 재 보고는 열이 많이 떨어졌다며 너무나도 기뻐했다.

딸은 평소에 아버지의 영혼을 구원하기 위해서 기도를 많이 했다고 한다. 기도가 쌓여서 하나님의 때에 하나님의 역사가 나타나 아버지를 구원할 수 있도록 인도하신 것이다. 나중에 알고 보니 아버지는 교장 선생님이셨는데 지금은 은퇴하셨고 지금까지 대통령상을 세 번이나 받으신 존경할 만한 분이셨으며, 성실하시고 정직하시며 책임감이 강하신 분이셨다. 며칠 전에 교장 선생님들 모임이 있어서 서른 분이 놀러 가셨다가 식사를 하셨는데, 먹은 음식이 뭐가 잘못 되었는지 그 중 세 분만이 식중독으로 병원에 입원하셨고 아버지가 가장 위독한 상태라고 했다.

나는 아저씨의 열이 떨어질 때 손등과 온몸에 땀이 방울방울 솟아나는 것을 보았다. 아저씨는 열이 떨어지시면서 정말 온몸에 땀범벅이 되셨다. 나는 성경 말씀에 의지하여 믿고 기도했는데 베드로의 장모의 열병이 나은 것처럼 아저씨의 병이 나았다. 그리고 그 이튿날 아저씨는 복음을 듣고 예수님을 영접하셨다.

그러나 아저씨는 예수님을 영접하셨지만 교회는 나중에 나오시겠다고 하셨다.

"제가 장손이어서 제사가 1년에 열두 번이나 있어요. 올해까지는 제사를 드리고 일가친척에게 허락을 받으면 추도식으로 바꾸고 교회에 갈게요."

나는 "네, 그렇게 하세요." 하고는 퇴원 후에도 목사님을 모시고 가서 예배를 드리고 석 달을 기다렸다.

약속을 잘 지키셨던 아저씨는 그 해 제사를 다 정리하시고 새해부터 할머니와 함께 교회에 나오셨다. 할머니는 예수를 믿고 싶었지만 장손 집이라 늘 '하나님, 우리 자녀를 지켜주세요.' 하면서 하나님께 기도만 하시며 살아오셨는데 노년에라도 교회에 다니게 되셨다고 아주 기뻐하셨다. 하나님의 은혜로 아저씨 가족과 여기저기 전도한 사람들이 같은 주일날 동시에 등록해서 하루에 12명을 전도하게 되었다.

그런데 그때 쯤 담임 목사님은 일본교회 초청으로 수련회를 인도하러 일본에 가실 계획이 있으셨고 일본전도 여행 및 수련회에 주일학교 교사가 필요하니 교사 두 분과 같이 오라는 부탁을 받으셨다고 했다. 담임 목사님은 과연 누구를 데려가야 하나 한참을 고민하고 계시다가 주일학교 교사도 하고 전도도 많이 한 성도를 데려가시겠다고 하시며 350명 성도 중에 이 집사님과 나를 선택해 주셨다.

하나님께서는 때로 우리가 생각지도 못한 선물을 주시는 사랑이 많으신 분이시다. 일본에 가는 동안 하나님께서는 모든 일이 순조롭게 잘 진행될 수 있도록 도와주셨다. 일본을 갈 때 비행기를 목사님, 이 집사님과 함께 타고 가게 되었는데 하나님께서는 내 바로 옆자리에 앉은 일본 여자를 만나게 하셨다. 이 여자는 키도 크고 몸도 무척 뚱뚱했다. 말이 잘 통하지 않아서 그림을 그려가면서, 또 고등학교 때 배운 일어를 생각하며 대화를 나누게 되었다. 그리고 성령이 역사 하셔서 일본 여자에게 하나님의 은혜로 복음을 전하게 하시고 영접시키게 하셨다. 우리는 손짓으로 십자가와 교회를 그리고 죄를 말하며, 손짓과 몸짓으로 예수 그리스도를 전했다.

그런데 이 여자분이 말하기를 자신도 유복자인데 시집을 가서 아기를 낳았을 때 남편이 죽어 자기 자녀도 유복자가 되었다며 가문에 흐르는 저주가 있는 것 같다고 했다.

우리는 한참을 손짓과 몸짓으로 이야기하다가 여자에게 이렇게 말했다.

"나도 유복자인데 예수님을 믿었더니 그 저주가 끊어져서 내 자녀는 유복자가 되지 않고 아버지와 지금 너무 잘 지내고 있어요. 언니도 예수님을 한번 믿어보세요."

하나님께서는 비슷한 환경의 사람을 만나게 하셔서 대화가 통하게 하시고 일본 여자를 전도하게 하셨다.

비행기 안에서 복음을 전하고 가다 보니, 일본에 금방 도착했다. 삶

일본에서 점집 아주머니를 전도하면서

속에 전도가 체질화되어 있어서 차를 타든지 시장을 가든지 어디서든 복음을 전하니까 많은 사람에게 복음을 전할 수 있었다.

우리는 일본 동경에 있는 목사님 사택에서 첫날밤을 보내고, 그 이튿날에는 수련회에 참석하게 되었다. 수련회 장소는 나무로 지은 통나무 집이었으며 물도 아주 맑고 깨끗한 곳이었다. 목사님이 그곳에서 강의하실 때, 우리는 아이들을 돌보았다.

이틀간의 수련회가 끝나고 남은 시간에 우리는 일본을 돌아보게 되었다. 노천온천도 하고 함께 이리저리 다니면서 직접 눈으로 일본을 보았는데, 참 인상적이었다. 또 전철을 타고 이동을 했는데, 전철 안의 분위기는 아주 조용했고 전철을 타고 가는 사람들이 꼭 시체가 움직이는 것 같았다. 일본 사람들이 팔백만 귀신을 섬기고 있다는 말을 들어서인지 그들이 꼭 시체처럼 보였고 너무 불쌍해 보였다. 이 땅에 복음이 널리 전파되어 우리나라와 같이 많은 사람이 예수를 믿어 구원받았으면 좋겠다는 생각이 나의 가슴을 아프게 하였다.

우리는 한참 돌아다니다 한 레스토랑에 식사하러 들어가게 되었다. 거기서 우연히 웨이터에게 복음을 전하게 되었는데 신기하게도 웨이터가 복음을 듣기 위해서 시간 나는 대로 우리 테이블로 와서 하나님 말씀을 듣게 되었다. 웨이터는 짧은 시간 동안 복음을 들었는데도 예수를 믿겠다며 우리와 약속을 했다.

우리는 식당에서 나와 다음 코스인 63빌딩 같은 곳에 구경을 가게 되었는데 그곳에서 기계로 점을 봐 주는 아줌마를 만나게 되었다.

그래서 나는 그곳에서도 아줌마에게 복음을 전했다.

"아줌마, 혹시 예수를 아세요?"

"예수를 알고는 있지만 직업이 점 봐주는 것이어서 예수를 못 믿어요."

그 아줌마는 예전에는 하나님을 믿었는데 남편과 이혼을 하고 지금까지 인생이 꼬이면서 힘들게 사신 것 같았고, 하나님을 믿는 것에 별 관심을 두지 않는 것 같았다.

나는 아줌마에게 담대하게 말했다.

“하나님께서는 기도하면 다른 직업을 주실 거예요. 일단 예수님을 영접하고 기도하면서 다른 직업을 찾아보세요.”

“알겠어요. 앞으로 우리 이 땅에서도 행복하게 살고 천국 가서도 행복하게 살아요.”

나는 아줌마와 이러한 약속을 하고 헤어졌다. 나는 사모님의 통역으로 복음을 잘 전할 수 있었다. 또 일본 남자와 한국 여자들이 서로 결혼해서 사는 부부들을 많이 만나게 되었는데, 문화의 차이로 결혼 생활에 어려움을 많이 겪는 것 같았다.

저녁 간증집회 때는 많은 사람이 하나님의 은혜로 많은 위로를 받았고, 또 어떤 한 분은 전도에 눈을 뜨지 못했는데 눈을 뜨게 해 주어서 고맙다며 일하면서 전도하는 평신도 선교사가 되겠다고 했다. 교회가 별로 없어서 어떤 분은 예배를 드리기 위해서 2시간을 달려오시는 분도 계셨고, 또 1시간씩 걸리면서 오시는 분도 많았다.

나는 우리나라는 교회가 많아서 언제든지 예배드릴 수 있고 새벽 기도와 전도도 마음대로 할 수 있어서 참 다행이라고 생각했다. 칠천만 민족이 주께 돌아오는 그날까지 열심히 복음을 전하며 우리나라를 통하여 세계 선교가 이루어지길 날마다 기도하고 있다.

일주일간 일본에 있으면서 하나님께서는 7명을 전도하게 하셨다.

“내가 네게 명령한 것이 아니냐 강하고 담대하라. 두려워하지 말며 놀라지 말라. 네가 어디로 가든지 네 하나님 여호와가 너와 함께 하느니라 하시니라."(수 1:9)라고 하신 하나님 말씀처럼 발걸음마다 복음이 전파되게 하심에 감사합니다. 여행도 하고 전도도 하며 전도 간증과 수련회까지 인도하신 하나님께 감사드리며 가까운 일본을 가 보게 하시므로 일본을 볼 수 있게 하신 하나님, 진심으로 감사를 드립니다. 아멘.'

오늘은 이곳 내일은 저곳

하나님께서는 여러 가지 사정으로 나에게 안식년을 주시면서 쉴 수 있는 시간을 주셨다. 그냥 집에서 쉬는 것도 좋지만 자유함을 갖고 미자립교회에 전도 지원을 하면서 시간을 보내는 것도 좋겠다는 생각이 들었다. 나는 여러 교회를 돕게 해 달라고 기도하던 중, 하나님께서는 준비된 교회들을 만나게 하시고 봉사로 섬길 수 있는 길을 열어 주셨다. 봉사하며 사는 것이 얼마나 큰 행복인가?

"야베스가 이스라엘 하나님께 아뢰어 이르되 주께서 내게 복을 주시려거든 나의 지역을 넓히시고 주의 손으로 나를 도우사 나로 환난을 벗어나 내게 근심이 없게 하옵소서 하였더니 하나님이 그가 구하는 것을 허락 하셨더라."(대상 4:10)라는 말씀처럼 하나님께서는 나에게 지역을 넓혀 주셔서 화성시, 안산시, 용인시, 수원시, 오산시를 다니면서 교회 전도 지원을 돕는 은혜를 주셨다.

미자립교회는 성도가 한 명도 없는 곳도 있었고 성도가 몇 명 있어도 전도할 일꾼이 없는 곳도 있었다. 나는 주로 목사님, 사모님과 함께 전도하였는데 서로가 힘이 되고 즐겁게 전도할 수 있어서 참 감사했다. 화요일은 이마트 앞에서 어묵 전도를 하였고, 시골교회에서는 방문 전도를 하였는데, 우리가 전도하러 나가면 항상 준비된 영혼이 기다리고 있었다. 수요일은 계피차로 아파트 전도, 목요일은 상가 전도와 심방 축호 전도를 하였는데 이때에도 하나님께서는 준비된 영혼을 심방하게 하여 전도하게 하셨다. 금요일과 토요일은 아파트 입주하는 곳에 전도하였는데, 집집마다 벨을 누르며 한 영혼을 구원하기 위해서 정성을 다했다. 그랬더니 하나님께서는 그 영혼을 만나게 하시고 새 가족을 교회에 보내 주셨다. 나는 준비된 교회에 하나님께서 영혼을 보내 주시는 것을 직접 눈으로 보았다.

"스스로 속이지 말라. 하나님은 업신여김을 받지 아니하시나니 사람이 무엇으로 심든지 그대로 거두리라. 자기의 육체를 위하여 심는 자는 육체로부터 썩어질 것을 거두고 성령을 위하여 심는 자는 성령으로부터 영생을 거두리라. 우리가 선을 행하되 낙심하지 말지니 포기하지 아니하면 때가 이르매 거두리라." (갈 6:7-9)

나는 복음의 씨를 열심히 뿌리는 전도자가 되어 풍성한 열매를 거두는 은혜가 교회마다 넘치기를 기도한다. 2009년 한 해 섬기는 7개 교회마다 200, 300, 500명 부흥되고 올해에는 2,000명을 전도할 수 있기를 기도하면서 날마다 즐겁게 복음의 씨를 뿌리고 있다. 그러나 자라게 하시고 거두시는 분은 하나님이시라는 것을 잊지 말아야 한다.

'전도는 힘들고 어려운 것' 이라는 생각이 전도를 즐겁게 하지 못하게 하는 것 같다. 전도는 쉬운 것이라는 생각을 했으면 좋겠다.

"전도는 쉽다. 전도는 쉽다. 전도는 쉽다.

전도하면 된다. 하면 된다. 하면 된다.

말하면 있고 말 안 하면 없다.

나가면 있고 안 나가면 없다.

농부가 씨를 뿌리듯 복음의 씨를 뿌리자.

하나님께서는 세상 끝날 때까지 함께 하신다.

예비된 영혼이 있다."

우리도 이스라엘 백성이 여리고 성을 소리 없이 여섯 바퀴 돌고 일곱 번째에 외친 것처럼, 땅 밟기 기도로 이곳저곳을 돌면서 외쳤다. 아름다운 덕을 선전하라고 하신 말씀처럼 덕을 선전했고, 경기하는 자는 법대로 경주하라고 했듯이 법대로 경주했다.

어떤 목사님은 천 번 기도하고 백 번 전화하고 열 번 이상 찾아가면 한 영혼을 구원할 수 있다고 하셨다. 먼저 기도하고 직접 찾아가 말씀을 전하면 하나님의 때에 그 영혼이 전도되는 것을 체험할 수 있으며 또 전도를 열심히 하다 보면 예상치 못한 선물을 주시는 사랑의 하나님을 만날 수 있다. 그리고 전쟁은 여호와께 속한 것이며 전쟁의 승리는 수가 많고 적음에 있지 않고 하나님께 있음을 깨달을 수 있다.

'하나님 아버지, 감사합니다. 예수 그리스도의 이름으로 이곳을 주 보혈로 덮습니다. 오늘도 때를 얻든지 못 얻든지 하나님의 말씀을 담대히 전하게 도와주시옵소서. 전도의 문을 열어 주시옵소서. 담대히 복음을 전하게 도와주시옵소서. 자기 십자가를 지고 자기를 부인하고 주를 따라가기 원합니다. 뱀같이 지혜롭게 비둘기처럼 순결하게 복음을 전하기 원합니다. 자원함으로 즐거움으로 양 무리의 본이 되게 도와주시옵소서. 말, 행실, 믿음, 사랑과 정절에 있어서 믿는 자의 본이 되게 도와주시옵소서. 오늘도 영적 전쟁에 승리하기 위하여 전신 갑주를 입혀 주시옵소서. 예수 보혈의 피로 정결케 되기를 원합니다. 하늘에 별과 같이 빛나는 전도자가 되게 도와주시옵소서. 자기 일에 능숙한 사람이 있느냐 저는 왕 앞에 설 것이라고 말씀하신 주님, 전도에 프로가 되게 도와주시옵소서. 한 영혼을 천하보다 귀하게 여기는 아버지 사랑의 마음을 주시옵소서. 성령님, 역사해 주시옵소서. 예수님의 이름으로 기도합니다. 아멘.'

일대일 어머니

소년원을 섬기다 고인이 되신 이희자 목사님을 소개하고 싶다. 목사님을 처음 만났을 땐 전도사로 사역하고 계셨는데, 그분은 남들이 하기 어려운 소년원을 섬기는 사역을 하고 계셨다. 학생들을 얼마나 사랑하셨는지 주머니에는 항상 사탕을 가지고 다니시다가 학생들을 만나면 그 사탕을 나누어 주셨다. 그리고 학생들이 합당하지 않은 일을 했을 때에는 엄하게 혼을 내셨지만 항상 마음으로는 학생들을 누구보다도 사랑하셨던 목사님이셨다. 목사님은 워낙 특수 사역분야를 담당하고 계셨기 때문에 같은 교회에서 사역하면서도 나와는 인사만 하고 지낼 정도였다.

그러던 어느 날, 목사님이 할 이야기가 있다고 하시며 나를 부르셨다.

"소년원에 일대일 엄마가 필요한데 전도사님은 전도팀과 많은 사람을 알고 있으니 좀 도와주세요."

나는 아주 뜻밖의 부탁이라 "글쎄요" 하고 대답했지만 한편으로는 지금 시대에 꼭 필요한 귀한 사역이라는 생각이 들었다.

다음날 전도팀에 광고를 내고 사역을 원하시는 열 분의 집사님, 권사님과 함께 소년원 일대일 어머니팀을 만들었다. 그리고 두 달에 한 번씩

교역자들이 쉬는 월요일 점심 때를 이용해 안산 소년원에 찾아가기 시작했다.

나는 서툰 운전으로 일산에서 안산까지 많은 집사님을 태우고 가게 되었는데 하나님께서는 이 일이 힘들다는 생각보다는 정말 보람된 일이라는 것을 알게 하셨다. 우리가 그곳에서 해야 할 일은 부모님이 이혼하셨거나, 돌아가셨거나, 거리가 아주 멀어서 부모님이 직접 면회에 올 수 없는 소년들에게 일대일 엄마가 되어서 점심도 같이 먹고 선물도 주며 기도의 어머니가 되어서 그들을 섬기는 사역이었다.

비록 그들이 죄를 짓고 감옥에 오긴 했지만, 마음은 아주 순수했고 해맑아 보였는데 어떻게 이 젊은 학생들이 도둑질하고, 친구들을 때리고, 성폭행과 같은 나쁜 짓을 했는지 믿어지지 않았다. 소년원에 들어가려면 몇 개의 철문을 통과해야 했는데 나는 그곳을 지날 때마다 감옥에서 베드로가 옥문이 열려서 걸어 나온 이야기가 생각났다.

'죄를 짓는 자는 마귀에게 속하고 마귀는 거짓말쟁이요, 살인자라고 했는데 순간의 잘못으로 마귀에게 종노릇한 그들을 하나님께서는 사랑하셔서 우리를 이곳까지 부르셨다. 우리를 구원하신 것처럼 죄인들에게도 찾아가 그들을 죄에서 건지시고 빛의 나라 생명의 길로 인도하시는 하나님의 사랑을 어찌 찬양하지 않을 수 있을까! 하나님의 도구로 우리를 사용하시려고 우리를 소년원에 보내 주신 것 같았다.

하루는 목사님이 소년원 아이들에게 불고기를 먹이고 싶다고 하셨는데 20명 이상 불고기를 먹이려면 돈이 많이 필요했다. 나는 "목사님, 돈이 없어서 안 돼요."라고 말하고 싶었지만 목사님이 그들을 너무 사랑하시어 먹이고 싶어 하시기에 차마 말을 하지 못하고 "네" 하고 돌아섰다.

그리고 새벽 예배 때에 나는 하나님께 부르짖어 기도했다.

'살아 계신 하나님, 목사님이 소년원 학생들에게 고기를 먹이고 싶대요. 그런데 돈이 없어요. 광야에서 메추라기와 만나를 먹이신 하나님, 저희에게 고기를 주세요.'

그런데 어느 날 고기집을 하시는 한 집사님이 고기로 봉사를 하고 싶다고 연락이 왔다. 할렐루야! 또 그 집사님은 언제든지 말만 하면 고기를 주시겠다고 약속하시면서 우리의 후원자가 되어 주셨다. 풍성하신 하나님께서는 한 번만이 아니라 언제든지 고기를 얻을 수 있는 큰 손을 보내 주셨다.

나는 집사님께 너무 감사하다는 인사와 함께 고기 20인분이 필요하다고 했더니 준비해 둘 테니 찾으러 오라고 하셨다. 우리는 바로 집사님께 연락하여 고기를 갖고 와서 맛있게 요리를 하고 다른 반찬도 준비하여 예수님의 마지막 만찬처럼 맛있게 학생들을 먹일 수 있었다.

우리는 학생들과 예배를 드리고 일대일로 어머니들이 자기와 맺은 자녀를 위해서 간절히 기도해 주었다. 그리고 성경 퀴즈도 하고 잘한 학생에게는 선물도 주면서 재미있고 유익한 시간을 가졌다. 또 하나님께

서는 교회 크로마하프전도팀도 같이 가게 하셔서 연주하며 함께 찬양
도 하게 하셨는데 이 연주를 통해 소년들은 행복해했다.

　이곳 소년원에서는 음악, 악기, 미술, 연극 등 세상에서 돈 주고 배워
도 배울 수 없는 특기 교육을 가르치고 있었고, 출소하고 나서 이 소년
소녀들이 자립할 수 있도록 전인적인 교육까지 가르치고 있었다. 요셉
처럼 감옥에서 좋은 교육을 받고 또 하나님을 만날 수 있는 축복도 받은
것이다.

　이 학교 안에는 불교, 천주교, 원불교, 기독교, 여러 종교의 교실이
있었는데 목사님의 정성으로 다행히 많은 학생이 예수를 믿고 세례를
받았으며 일대일 제자 양육을 통하여 믿음이 자라났고 이로 인해 학생
들은 이전보다 더 밝아졌다.

　또 학생들이 검정고시 시험을 볼 때도 천주교, 불교 쪽에서 음식을
만들어 와서 그들에게 나누어 주기에, 우리도 검정고시 시험을 보는
100명의 학생들에게 음식을 먹이며 기도해 주었는데 이후에 많은 학생
이 시험에 합격했다는 소식을 듣고 서로가 함께 기쁨을 나눌 수 있었다.

　그러나 얼마 지나지 않아 갑상선암 수술을 하신 목사님은, 완쾌하지
못하시고 하늘나라로 가셨다. 목사님은 곧 천국으로 가실 줄 스스로 아
셨기에, 소년원 학생들에게 고기를 그렇게 먹이고 싶으셨던 것 같다. 그
때 내가 목사님 말에 순종하지 않았다면 죽을 때까지 고기만 봐도 얼마
나 가슴이 아팠을까 하는 생각이 든다.

소년원 학생들을 위한 점심봉사

순종으로 말미암아 평안을 갖게 되었고 힘 있는 대로 목사님을 도와
드릴 수 있어 매우 감사했다. 나도 주님이 언제 오라고 하실지 모르지만
열심히 맡은 일에 최선을 다하고 싶다. 성실하게 정직하게 복음을 위해
도울 수 있다면 지금도 최선을 다하여 돕고 싶다.

5. 눈물로 뿌리는 씨앗

소망을 주신 하나님

2008년 3월, 이른 봄비가 내릴 때였다. 나는 어김없이 준비된 영혼을 찾기 위해 전도지를 돌리며 전도할 사람을 찾았다. 그러던 중 꽃집에 꽃을 사러 들어갔다가 우연히 주인집 여자분을 만나게 되었고 잠시 동안 대화를 하게 되었다. 그 주인집 여자분은 얼굴이 아주 어두웠고 삶의 소망과 낙이 없어 보였으며 건강도 무척 안 좋아 보였다. 무슨 사연으로 이렇게 힘들어하는지 궁금했다.

"어머니, 무슨 일이 있으신가 봐요. 건강이 참 안 좋아 보이세요! 제가 기도 좀 해 드려도 될까요? 하나님께 기도하면 능치 못할 일이 없어요. 무슨 걱정거리가 있는지 저에게 말해 주세요."

나는 그동안에 기도해서 건강해지신 분들의 이야기를 하면서 기도 제목을 말해 달라고 했더니, "저는 말 못할 어려움이 있어요." 하시며 20대 된 큰딸이 갑자기 하늘나라로 갔다고 말씀을 하시는 것이었다.

"투병 생활이라도 했다면 매일 얼굴이라도 볼 수 있었을 텐데…."

그리고 주인집 여자분은 더 이상 말씀이 없으셨다.

나는 어머니를 위해 기도해 드리고 꽃집 문을 나와 집으로 돌아오는데 계속 마음이 아프고 불편했다. 그래서 다시 그 가정을 위해서 예수님 이름으로 슬픔과 악한 영들을 대적하는 기도를 했다. 그 후에도 새벽마다 주인집 여자분의 이름을 부르며 기도하고, 일주일에 한 번씩 찾아가서 양육했다. 그러나 갈 때마다 그 분의 얼굴에는 웃음을 찾아볼 수 없었다.

콩나물에 물을 주면 물은 빠져나가지만 콩나물은 자라듯이, 양육 또한 이런 것 같다. 매주 한 번씩 쉬지 않고 가서 말씀을 가르치고 기도하고 이야기했더니 어머니는 조금씩 건강이 좋아지고 있었다.

하루는 어머니를 양육하러 꽃집에 갔는데, 사장인 남편분이 나에게 소리를 지르면서 엄청나게 화를 내셨다.

"일하느라 바빠 사흘 동안 잠도 잘 못 잤는데, 왜 매주 와서 우리를 괴롭히는 거예요! 다시는 오지 마세요!"

"죄송합니다. 앞으로는 토요일에는 오지 않고 금요일에 올게요."

우리는 쫓겨나듯이 그 꽃집에서 나왔다.

그리고 일주일이 지나고 금요일에 그 꽃집을 다시 찾아갔는데 우리는 그 집 앞에서 발걸음이 떨어지지 않았다. 그래도 가야 한다는 마음에, 집 앞을 서성이고 있었다. 마침 어머니는 문 입구에 계셨고 남편분은 안에서 꽃을 꽂고 계셨다. 나는 용기를 내어 문을 조심스럽게 사르르 열고는 꽃집 안으로 들어갔다. 그래도 아저씨께 인사는 해야 할 것 같아 "안녕하세요!" 했더니 의외로 "네~~!" 하면서 우리를 밝게 맞아 주시면서 박카스 한 병과 함께 먹을 것도 갖다 주셨다.

남편분은 지난주에 우리에게 화를 냈던 것이 미안하셨는지, 우리가 생각했던 것보다 친절하게 반겨 주셨다. 하나님께서 남편분의 마음을 바꾸어 놓으신 것 같았다. 우리는 기도와 성경 말씀을 전하고 "다음에 또 올게요." 하며 돌아왔는데 돌아오는 길에 뜹박 가운데서도 꽃집을 찾아가기를 참 잘했다는 생각이 들었다. 그리고 그 이후로는 두 분과 더 친해지게 되었다. 그분들은 상추와 여러 가지 채소를 기르고 있었는데 우리에게 채소도 나누어 주시면서 무공해 채소도 먹게 해 주셨다.

5개월 이상을 매주 찾아가 양육을 했더니 지금은 이웃집에 놀러도 가시고 건강도 좋아지셨다고 하시면서 어머니는 행복해하셨다. 그러나 그 후로는 다른 사역이 생겨 그 꽃집을 가지 못했다.

그리고 이 글을 쓰면서, 불현듯 꽃집 어머니가 생각나서 얼른 핸드폰을 꺼내 전화를 했다.

"아, 여보세요!"

아주 반가운 목소리였다. 그 순간 나는 하나님께 감사와 영광을 돌렸다. 꽃집 어머니는 매우 잘 지내고 계시는 것 같았다. 통화하는 동안에도 나를 반가워해 주시며 자주 놀러 오라고 하셨다.

하나님의 말씀은 영이시다. 말씀이 가는 곳에 생명의 역사가 일어난다. 하나님께서는 때를 얻든지 못 얻든지 말씀을 전파하라고 하셨다. 하나님의 말씀이 온 땅에 전파되기를 간절히 기도한다.

'가난한 자에게 복음이 전파되며 마음이 상한 자를 고치시는 하나님! 참으로 감사합니다.'

아름다운 이별

어느 날, 신 권사님이 나에게 찾아오셔서 간절하게 부탁을 하셨다.

"제 딸 친구 중에 윤미라는 아이가 있는데 지금 간육종암으로 투병 중에 있어요. 전도사님이 한번 찾아가서 도와주세요."

"네, 그럼 신 권사님도 같이 가요."

그리고 나는 마침 시간이 있어 권사님과 함께 윤미네 집에 찾아갔다. 윤미는 나와 같은 아파트에 살고 있었는데 다른 날은 바빠서 가지 못 하고, 쉬는 월요일마다 심방을 가기 시작했다.

윤미는 병원에서 2차 수술을 받고 한 달 만에 3차 수술을 받았는데도 상태가 좋아지지 않았고 어떤 음식도 먹지 못하고 있었다. 그리고 그날 밤, 윤미 엄마는 꿈에서 윤미가 천국으로 가는 모습을 하나님께서 보여주셨다고 했다.

"윤미가 보석이 가득 달린 흰색 앙고라 투피스를 입고 천국에 가는 모습을 보았어요."

그 일이 있고 한 달이 지났을 무렵, 윤미는 천국으로 갔다.

그런데 윤미가 천국 가는 날 아침에, 예수를 믿지 않았던 윤미 친구들이 하나같이 똑같은 꿈을 꾸었다고 했다.

"꿈에서 윤미가 우리들에게 자신이 천국에 간다는 내용이 담긴 편지를 주었어요. 슬픈 마음에 꿈에서 깨어나 불안한 마음으로 핸드폰을 보았는데 거기에는 윤미가 천국에 갔다는 문자 메시지가 와 있었어요.”

나는 지금까지도 윤미와 윤미 엄마를 처음 만난 날을 잊을 수가 없다. 윤미 엄마의 그동안 살아온 이야기와 천주교와 불교에 다녔던 이야기를 들으면서 눈물 없이 들을 수 없는 한 여인의 삶이라는 생각이 들었다. 그리고 나는 울고 웃으면서 네 시간 동안 윤미 엄마의 이야기를 듣고, 복음을 전하고 예수님을 영접시키고 돌아왔다.

“이번 주에 교회에 나오세요. 기다릴게요.”

나는 윤미 엄마와 함께 교회에 오시라고 신 권사님께 전화를 해 놓았다. 그랬더니 정말 다음 주에 바로 교회에 출석하셨다.

하나님의 은혜로 고난이 유익이라 이로 인하여 주의 율례를 배우게 되었다고 하나님께서 말씀하신 것처럼 정말 순수하게 하나님을 찾고 만나는 그 모습이 아주 아름다웠고, 모든 것에 100% 순종하는 모습에 참 감사했다. 나는 매주 월요일마다 그 집에 가서 양육하고 기도하는 시간을 가졌다.

하루는 윤미 엄마에게 조심스럽게 말했다.

“어머니도 전도자가 되었으면 참 좋겠어요. 하나님께서 앞으로 그렇게 쓰시려고 여러 가지 고난을 주시는 것 같네요.”

“전도사님…, 제가 어떻게 전도를 해요?”

윤미 엄마는 이렇게 말하시면서 수줍게 웃으셨다.

그러나 하나님께서는 결국 그분을 전도자로 사용하셨다. 지금도 때를 얻든지, 못 얻든지 열심히 복음을 전하는 모습이 참으로 보기 좋고 어려움 속에서도 감사하며 긍정적으로 생활하는 모습이 참으로 귀하고 아름답다.

윤미는 참 마음도 예쁘고 부모님 말씀도 잘 듣고 좋은 대학에도 합격하고 친구에게도 인기가 많았던, 무엇 하나 부족함이 없어 보였던 아이였다. 그런데 암 때문에 고통받는 그 모습이 무척 안쓰러웠다. 왜 이렇게 착한 딸이 젊은 나이에 암으로 고통받아야 하는지 인간의 생각으로는 이해할 수 없었다. 그러나 하나님께서는 윤미를 축복의 통로로 사용하셔서 온 가족이 구원을 받게 하셨다. 또 가족뿐만 아니라 주변의 많은 이웃도 예수님을 믿게 되었다.

하지만 엄마에게는 딸의 아픔이 큰 충격이었다. 윤미 엄마는 병간호하느라 머리가 하얗게 세어 있었다. 딸을 살리는 일이라면 무엇이든지 다 해 본 것 같았다. 어머니는 딸을 살리기 위해서 절에도 다니고 불공도 드렸다며 염주와 부적을 꺼내 보여 주시면서 없애달라고 부탁을 하셨다.

그러나 하나님께서 이 가정을 사랑하사 하나님을 믿도록 불러 주셨다. 윤미가 항암 주사를 맞을 때마다 머리카락이 다 빠지고 입맛이 없어서 고생하는 모습을 눈으로 보며, 많은 사람이 하나님께 간절히 기도했다. 그때마다 하나님께서는 그들에게 평안을 주시고 도와주셨다. 고통

중에도 웃음과 꿈을 잃지 않는 모습이 참으로 아름다웠다.

또 윤미네 부모님은 고통 중에도 성경을 배우고 예배도 잘 드렸다. 양육으로 믿음이 자라고 천국에 갈 확신이 생기면서 전에 믿던 천주교 물건들도 다 버렸다. 또 확실하게 예수님을 영접하고 예수님을 믿는 순수한 하나님의 딸이 되었다.

병원에서 만난 사람들 역시도 윤미를 통하여 예수를 영접하고 구원받았다. 끝까지 포기하지 않고 양육과 기도를 쉬지 않은 것이 힘이 되었다. 그럼에도 불구하고 윤미는 끝내 하늘나라로 갔다. 임종 예배를 드리는데 윤미의 얼굴이 얼마나 아름답고 평안했던지 얼굴에서 눈을 뗄 수가 없을 정도였다.

윤미가 하늘나라로 떠날 무렵, 윤미네 집은 아버지의 사업 부도와 윤미의 투병 생활로 집안 사정이 매우 어려웠다. 그래서 우리는 이 가정을 위해 간절히 기도했는데 하나님께서는 부족한 부분을 거룩한빛광성교회에서 운영하는 고양천사운동본부를 통하여 채워 주셨다.

윤미는 젊은 나이에 하나님 품으로 갔지만 윤미 친구들은 끝까지 윤미가 가는 길을 지켜 주었고 장례식장에서 일손도 도와주었다. 윤미는 평소에 친구들에게 사랑을 많이 주었던 정이 많은 친구였던 것 같았다.

장례를 치르고 온 후, 윤미 엄마는 집에 있으면 딸이 자기를 부르는 것 같고 옆에 있는 것 같다며 딸의 죽음이 믿어지지 않는다고 했다. 그래서 나는 시간 나는 대로, 윤미 엄마를 전도팀에 불러내어 같이 전도도

엄명자 집사님과 함께

하고 심방도 다니며 딸을 잊을 수 있도록 도와주었다.

윤미 엄마는 정신없이 주의 일을 하면서 바쁘게 살았는데 이 덕분에 딸을 잃은 그 슬픔을 자연스럽게 가슴에 묻어 두고 지낼 수 있게 되었고 하나님의 은혜로 우울증에 걸리지 않고 견딜 수 있었다. 만약 집에서 혼자 시간을 보냈다면 얼마나 고통스럽고 힘든 세월을 보냈을까! 고통 중에 고통에 있는 사람들을 만나고 위로하다 보니, 내 고통이 간증이 되었고 다른 사람들을 살리는 축복의 통로가 되었다.

하나님께서는 윤미 엄마에게 딸을 천국에 보낸 그 슬픔 속에서도 인터넷 암환자 카페에서 만난 수진이를 양딸로 삼을 수 있는 마음을 주셨다. 윤미 엄마는 집으로 수진이를 데리고 와서 친딸처럼 돌보고 간호하였다.

하루는 윤미 엄마가 전도를 부탁해서 수진이를 전도하기 위해 그 집에 가고 있는데 잘 보이던 눈이 갑자기 안개가 낀 것처럼 보이지 않아서 운전을 할 수 없었다. 다행히 김 집사님과 같이 가게 되어 나 대신 운전해 주셨지만 수진이네 집까지 찾아가는 길도 귀신이 방해해서인지 한 시간 이상을 헤맸다.

우리는 수진이네 집까지 가는 길을 잘 몰라 가는 도중 자장면을 배달하는 한 청년에게 길을 물어보게 되었다.

"혹시 여기 어떻게 가는지 아시면 길 좀 가르쳐 주세요."

"저만 따라오세요. 그 집까지 바래다 드릴게요."

그 청년은 한참을 요리조리 가더니만 "여기에요." 하고는 휙 가버렸다. 우리는 당황하여 다른 사람에게 수진이네 집을 물어봤더니 "반대로 왔어요." 하며, 가는 길을 다시 가르쳐 주었다. 결국 우리는 한 시간을 이리저리 헤맨 끝에 수진이네 집에 도착했다.

들어가기 전에 우리는 차에서 함께 기도하고 집으로 들어가 수진이와 동생을 만났다. 수진이는 하루하루 성실하게 열심히 살아왔지만 힘든 상황 속에서 고생도 많이 한 것 같았다. 수진이 가족은 우환으로 말미암아 모두가 병으로 고생하고 있었다. 아버지는 안 계셨고 어머니는 위암, 수진이는 대장암, 동생은 우울증으로 고생하고 있었다. 또 다른 동생은 심장마비로 먼저 하늘나라에 갔다. 수진이네 집은 일산에서 멀리 떨어져 있었는데, 지금은 병을 고치기 위해 암센터 가까운 곳으로 세를 얻어 임시로 이사를 왔다.

'한 영혼을 구원하기 위해서 이사를 시키시고 만나게 하시며 또 전도하게 하시고 섬기게 하시는 하나님의 은혜에 감사합니다.'

하나님께서는 더러운 귀신으로 말미암아 소망 없는 이 가정에 예수 생명의 빛으로 예수의 사랑이 전해지게 하시고 구원해 주셨다. 수진이와 동생은 복음을 제시할 때마다 얼마나 잘 듣고 기도를 잘 따라 하는지, 전적으로 하나님께서 예비한 영혼이라는 생각이 들었다. 우리는 이들에게 예수님을 영접시키고 기도를 해 주었다.

'한 영혼이 천하보다 귀하다고 하신 하나님, 이 가정을 구원해 주셔서 감사합니다. 할렐루야 감사합니다.'

나는 수진이를 위해 기도하고 나서 눈을 떴는데 신기하게도 안개 긴 내 눈이 밝아지면서 세상이 환하게 보였다. 만약에 눈이 안 보인다고 전도하러 가는 것을 다음으로 미루었다면 어떻게 되었을까? 전도는 즉시 순종하고, 하나님의 때를 잘 지킬 때 기적이 일어나는 것 같다.

수진이는 예수님을 영접한 그 다음 주부터 교회에 나오게 되었고 열심히 하나님을 의지하고 믿는 하나님의 사람이 되었다. 계속 여러 사람이 돌아가면서 돌보고 섬김의 삶으로 봉사했더니 어머니도 예수님을 믿게 되었다. 크리스마스 때 수진이는 태국인 근로자와 베트남 근로자

30명과 함께 세례를 받았다. 수진이가 말기 암으로 투병 중이었기 때문에 교회에서는 미리 세례를 받게 했던 것이다. 병원에서 의사 선생님은 수진이가 얼마나 살지 모른다고 했는데, 하나님께서 생명을 연장시켜 주서서 3년 이상을 더 살게 되었다.

그러나 수진이가 36살이 되었을 때 결국 젊은 나이에 결혼도 못하고 하늘나라로 가게 되었다. 수진이는 미리 죽음을 준비하고 전 재산의 50%를, 내가 살아서 선한 일 한번 못 했다며 좋은 곳에 써 달라고 기부까지 하는 아름다움을 보여 주었다. 죽어서도 갈 집이 있기에 죽음을 두려워하지 않고 담대하게 받아들이는 그 마음이 천사 같았다. 나도 죽음 앞에서 이렇게 당당할 수 있었으면 좋겠다.

수진이가 죽기 며칠 전에 수진에게 전화가 왔었다.

"전도사님, 얼굴 한번 보고 싶어요! 우리 한번 만나요~."

"그래요, 우리 한번 만나요."

이렇게 이야기 하고 전화를 끊었는데 시간이 없어 얼굴 한번 보지 못한 것이 참 미안했다. 나는 결국 수진이를 죽음 직전 암센터 입원실 독방에서 만났다. 수진이가 말을 하지 못해서 대화는 할 수 없었지만 죽기 전까지 귀는 열려 있다는 말을 듣고 수진이에게 이야기를 해 주었다. 내 말을 알아들었으면 눈으로 대답해 달라고 했더니 수진이는 눈동자를 깜박였다. 우리는 말이 아닌 눈으로 대화했다. 나는 수진이에게 찬송가를 불러 주고 영적 전쟁을 하는 강력한 방언 기도를 했다. 나는 마지막 죽음 직전에라도 수진이를 만나게 하심에 감사드렸다. 그리고 천국에서 만날 날을 약속하면서 수진이의 손을 꼭 잡아 주었다. 그리고 나서 두 시간 정도 지나서 수진이는 하늘나라로 떠났다. 하나님께서는 슬픔을 거두시고 참된 평안과 안식을 주셨다.

"모든 눈물을 그 눈에서 닦아 주시니 다시는 사망이 없고 애통하는 것이나 곡하는 것이나 아픈 것이 다시 있지 아니하리니 처음 것들이 다 지나갔음이러라."(계 21:4)

하나님께서는 윤미 엄마가 딸을 돌보듯이 도운 사랑으로 수진이가 아름다운 믿음을 가지고 삶 속에서 승리하게 하셨다. 내 슬픔을 넘어서 남을 섬기는 삶이 아름다운 것 같다.

불자 친구

1995년 어느 화창한 4월의 봄. 친구에게서 한 통의 전화가 걸려왔다. 자신의 친구라며 절에 다는 어머니 한 분을 소개해 주었는데, 이 분은 불면증으로 고생하며 병 낫기를 간절히 원하고 계셨다. '사랑하는 자에게 잠을 주시는 하나님!' 잠 잘 자는 것이 얼마나 큰 복인가를 깨달았다.

나는 먼저 기도를 하고, 친구가 소개해 준 그 집에 전도하러 찾아가게 되었다. 그리고 나는 어머니에게 복음을 전했다.

"어머님, 예수님을 믿으면 불면증도 없어지고 건강해지며 마음도 평안해져요. 우리 같이 교회에 가요."

"네? 나한테 예수 믿으라고 말하러 온 것이면 우리 집에 놀러 오지 마세요! 우리 가족과 친척들도 모두 절에 다니고 있고 스님이 자주 우리 집에 와서 염불도 하고 있어서 절대로 교회에 다닐 수 없어요!"

나는 전도하러 다니면서도 스님이 가정 방문을 이렇게 열심히 하는 것은 처음 보았다. 스님은 어머니의 병을 고치러 오시는 것 같았다. 나는 결국 아무 말도 하지 못하고 집으로 돌아왔지만 이대로 물러서면 안 될 것 같은 생각이 들었다.

'하나님 아버지, 어떻게 해요? 저 불쌍한 영혼을 구해야 하는데 지혜

를 주세요.'

하나님께서는 40일 새벽 작정 기도를 하라고 감동을 주셨다. 그래서 나는 한 영혼을 위하여 40일 새벽 작정 기도를 시작했다. 새벽마다 어머니의 이름을 부르며 "이르시되 기도 외에 다른 것으로는 이런 종류가 나갈 수 없느니라 하시니라."(막 9:29)라는 말씀을 붙잡고 기도했다.

'어머니가 꼭 하나님을 믿게 해 주시고 불면증도 치료해 주세요.'

신기하게도 이렇게 새벽마다 기도를 하고 나면 길에서 우연히 어머니를 만나게 되었다. 그리고 나는 그때마다 어머니에게 반갑게 인사했다.

"잘 지내시죠? 새벽마다 건강을 위해서 기도하고 있어요. 좋은 일이 있을 겁니다. 하나님께서는 우리를 고치시고 치료하시는 분이시니, 걱정하지 마세요."

그러자 어머니는 나에게 조금씩 마음의 문을 여시는 것 같았다.

그러던 어느 날, 40일 새벽 기도가 끝날 때쯤이었다. 하루는 어머니가 나에게 우리 집에 놀러 오라며 자신의 집에 초대하셨다. 나는 내가 40일 동안 기도했던 사람이 마음의 문을 열고 나를 초청했기 때문에 행복하고 기뻤다.

'하나님, 정말 감사합니다. 사랑하는 그 가정에 방문할 수 있게 해 주셔서….'

나는 기쁨으로 조그마한 선물을 준비해서 그 집에 찾아갔다. 어머니는 맛있는 음식을 많이 준비해 놓으셨다. 나는 맛있게 먹으면서도, 언제쯤 복음을 전할까 눈치를 살피다 하나님 이야기를 슬며시 꺼냈다. 그런데 놀랍게도 예전과는 달리 순한 양처럼 내가 하는 말을 잘 듣고 계셨다. 그리고 불면증도 치료되어서 잠을 잘 잘 수 있게 되셨다고 했다. 병원에도 다니시면서 약도 드시고 스님이 와서도 치료되지 않았던 것이 하나님께 중보 기도를 했더니 깨끗하게 치료되었다. 그리고 나는 어머니에게 일주일에 한 번씩 성경 공부를 하자고 약속하고 기쁜 마음으로 돌아왔다.

나는 매주 한 번씩 찾아가서 어머니에게 성경 말씀을 가르치고 함께 기도하면서 1년을 양육했다. 그런데 그 가정은 불심이 세고 제사를 지내야 했기 때문에 남편의 반대로 어머니는 교회에 나오실 수 없었다. 그러나 나는 꾸준히 기도하고 기다렸다.

그런데 어느 날, 어머니는 남편 몰래 교회에 나오셨다. 인내로 구원을 얻으리라고 하신 말씀처럼 전도하고자 하는 사람이 교회에 나올 수 없는 상황일 때는 참고 기다리면서 꾸준히 양육하는 것이 중요하다는 것을 깨달았다. 두 딸과 아들도 모두 예수를 믿게 되었고 자녀는 좋은 명문 대학에 들어가게 되었다. 어려울 때마다 하나님께서 도와주서서 형통한 복을 받았다.

또 어머니는 자녀를 위해 기도하는 어머니가 되었다. 어머니의 믿음이 참으로 중요한 것 같다. 전도된 가정이 잘 되는 것보다 기쁜 일은 없는 것 같다. 전도자도 이렇게 기쁜데 하나님께서는 얼마나 기쁘시겠는가! 천국 잔치를 준비하시는 하나님 마음을 조금이라도 이해할 수 있을 것 같다.

'저도 예수님을 닮고 싶어요. 제자 삼고, 가르쳐 지키게 하며, 복음을 전파하고, 병든 자들을 고치는 일들을 잘 감당하는 축복의 통로가 되고 싶습니다. 성령이여 임하소서! 마라나타(주여 오시옵소서)'

9층 아줌마

　30대 중반, 전도를 열심히 하며 지내고 있을 때였다. 아파트 전도를 하기 위해서 나는 관리 소장, 동 대표님과 친하게 지내며 3년 동안 반장을 했다. 반장을 하면 집집마다 들어가서 그 집 형편에 따라 내가 도움을 줄 수 있고 또한 전도 대상자도 쉽게 찾을 수 있었기 때문에 전도하는 데 도움이 되었다. 복음을 위해서 남들이 하기 싫어하는 반장을 하게 되니, 오히려 나는 아주 기쁘고 즐거웠다.

　나는 나이와 상황에 맞게 이웃들을 서로 소개시켜 주었는데 같은 아파트 사람들이 서로 화목하게 지내는 것이 참으로 보기 좋았다. 반상회 때에도 많은 사람이 함께 모여서 행복한 시간들을 보냈고, 또 나는 예수 믿지 않은 임신한 엄마들에게 태교를 해 주는 교육도 하게 되었다. 나에게 태교 교육을 받았던 한 엄마는 쌍둥이를 낳게 되었는데 내가 전도사로 있는 선교원에 다니게 되었다. 씨를 뿌리면 반드시 자라고 열매 맺을 것을 믿는다.

　나는 새벽마다 부르짖어 기도하고 여리고 성을 돌듯이 아파트를 돌면서 열심히 전도했더니 하나님의 은혜로 우리 동 주민의 50%가 예수를 믿게 되었다. 하나님께서는 심은 대로 거두시게 하는 것 같다. 많이 심는 자는 많이 거둘 것이고 적게 심는 자는 적게 거둘 것이다. 일한 대로 상 주시는 하나님을 믿습니다.

또 나는 일주일에 한 번씩 시간을 정하여 가정 심방을 하고 매주 전도지 꽂는 일을 했다. 매주 많게는 30명씩 양육을 했는데 말씀과 전도 편지를 주면서 전도를 했다. 그런데 전도를 할 때마다 엘리베이터에서 자주 만났던 아줌마가 있었다. 머리는 단발머리에 키도 크고 아주 몸매도 날씬하고 깔끔한 아줌마였다. "동생 있으면 소개해줘요. 중매 서게…" 하시면서 자기 집에 차를 마시러 오라고 하셨다. 날마다 같은 말을 계속 하시는데 정신이 좀 이상하신 것 같았다.

나는 차를 마실 겸 그 집에 놀러 가서 아줌마의 이야기를 들었다.

"저는 이곳으로 이사오기 전, 절에 가서 굿을 했는데 그때 갑자기 제 몸이 공중으로 붕 떠올랐던 적이 있어요. 지금도 저는 자정이 되면 발뒤꿈치에서 피가 날 정도로 지하 주차장과 온 동네를 이리저리 돌아다녀요. 귀신이 저를 자꾸 마음대로 움직이고 항상 뒤에서 누가 따라오는 것 같아 무서워요. 그래서 때로는 밥도 못 먹어서 수돗물만 먹고 지낸 적도 있고, 소파에 웅크리고 앉아서 무서워 떤 적도 많아요."

아줌마는 힘들 때마다 나에게 전화를 해서 빨리 자기 집에 오라고 했다. 그러면 나는 입고 있던 월남치마를 입은 채 시도 때도 없이 찾아가 기도해 드렸다. 그러고 나면, 아줌마는 순한 양처럼 변하여 잠도 잘 주무셨다.

어느 날 아줌마 남편 되시는 분이 저 작은 여자는 누구기에 세 사람이 해도 못 이기는 우리 집 사람을 순한 양으로 만드는지 이해가 되지 않는다고 하셨다. 온 가족이 예수를 믿지 않고 있었기 때문에 하나님의 능력을 모르고 있는 것 같았다. 귀신 들린 사람의 삶은 자기의 의지가 없는 참으로 비참한 삶이었다. 아줌마는 잠자는 것과 먹는 것도 마음대로 할 수 없었고, 소파나 가구들을 아파트 밖에 내 놓고 또 집에 있는 화초는 모두 가위로 잘라서 엉망으로 만들어 놓았으며 남편 옷도 가위로 모두 잘라 버렸다. 모든 것이 엉망이었다.

그 아줌마에게는 승철이라는 아들이 하나 있었는데 아들을 얼마나 사랑하시는지 아들의 음식과 물건은 건드리지 않았고, 또한 아들을 위해서 이 힘든 고통을 참고 견디고 있었다. 몇 번 죽을까도 생각했지만 마음대로 되지 않았다고 했다. 자식에 대한 어머니의 사랑은 하나님의 사랑 다음으로 대단한 사랑인 것 같다.

아줌마는 평소에는 아주 정도 많고 좋은 사람이었다. 그러나 제정신이 아닐 때는 사나워지고 무서워져서 아파트의 사람들은 이 아줌마를 피해 다녔다. 아줌마는 나보다 열두 살이 많은 언니였다.

나는 아줌마를 위해 날마다 건강과 영혼을 구원해 달라고 부르짖어 기도했다. 그리고 날마다 같은 이야기를 끝까지 들어 주었다. 얼마나 많은 시간을 투자했는지 모른다. 아줌마는 새벽 2시, 4시에도 전화해서 20, 30분씩이나 같은 말을 반복하셨다. 나는 자다가 잠을 깨도 신경질을 내지 않았고, 한 번도 거절하지 않고 그 전화를 다 받아 주었다. 아마 하나님의 은혜로 한 영혼을 불쌍히 여기는 마음이 있었기에 감당할 수 있었던 것 같다.

'하나님! 이 아줌마가 영육이 건강해져서, 이 아파트에 사는 모든 사람들이 아줌마의 건강해진 모습을 보고 하나님이 살아 계신 것을 알게 해 주세요. 그리고 전도의 동역자가 되게 해 주세요.' 나는 이렇게 기도를 하면서 아줌마가 건강해지시기를 간절히 바라고 있었다.

그러던 어느 날, 하나님의 은혜로 아줌마와 함께 아파트 밑에 있는 교회에 같이 다니게 되었다. 할렐루야! 그런데 아줌마는 예배를 드리다가 말씀을 들을 때쯤이면 꼭 화장실에 간다고 하시면서 나가시는 것이었다. 나는 목사님에게 매일 아줌마 집에 심방을 가서 예배를 드리자고 건의했더니 40일 넘게 매일 가서 예배를 드릴 수 있었다. 다행히 아줌마는 조금씩 좋아지기 시작했다.

특별 새벽 기도 때였다. "아줌마도 새벽에 같이 나와서 기도해요."라고 말씀을 드렸더니, 아줌마는 교회에 나오셔서 우리와 함께 예배를 드리셨다. 그리고 새벽예배 후에 통성기도를 하고 있는데 갑자기 아줌마가 강대상 앞으로 걸어 나가셨다. 그리고 "하나님, 잘못 했어요!! 용서해 주세요!"라고 소리소리 지르면서 본당 앞으로 나오셨다. "다윗의 자손 예수여, 나를 불쌍히 여겨주세요."라고 말한 것처럼 놀라운 일이었다. 새벽 기도를 하던 50명이 놀라서 어쩔 줄 몰라 했다. 그때 목사님은 아줌마에게 안수 기도를 해 주셨고 나는 아줌마가 뒤로 넘어지실까 봐 그 뒤에 서 있었다. 목사님의 간절한 안수 기도를 받자 아줌마는 목마르다고 하시면서 물을 달라고 했다. 나는 종이컵에 물을 떠다 드렸다. 그런데 물을 마시던 아줌마는 이렇게 고백했다.

"예수님께서 약수터에 있는 바가지에다 물을 떠 주시는 환상을 보았어요. 그 물을 마시니 속이 너무 시원해요! 그렇게 답답하던 가슴이 뻥 뚫린 것 같아요!"

난 아주 기뻤다. 성령이 임하신 것이다.

온 성도들이 마음을 다해서 함께 기도를 드렸더니 한 생명이 건강을 회복하고 더러운 귀신이 떠나가고 승리하게 되었다. 한 영혼이 천하보다 귀하다고 하신 말씀이 정말로 귀합니다.

이 일은, 교회 이전을 앞두고 있었을 때 하나님께서 이 아줌마를 만나게 하심으로 영혼을 정말로 사랑하고 있는지 테스트를 하신 것이었다. 한 영혼을 귀히 여기며 잘 돌본 결과 하나님의 테스트에 합격했고 성전도 30평에서 150평으로 분양을 받아서 이전하게 되었다.

나는 아줌마를 잘 섬기고 돌보며 전도한 선물로, 하나님께서는 부족한 나를 전도사로 써 주셨다. 그리고 그 일이 있은 후 아줌마는 매번 주일 예배를 잘 지키시고, 구역 예배도 잘 참석하시는 성도가 되셨다.

"죄를 짓는 자는 마귀에게 속하나니 마귀는 처음부터 범죄함이라. 하나님의 아들이 나타나신 것은 마귀의 일을 멸하려 하심이라."(요일 3:8)

예수님을 만나는 것은 마귀에게서 해방되는 것이다.

"진리를 알지니 진리가 너희를 자유롭게 하리라." (요 8:32)

"참된 자유를 원하십니까? 예수님을 영접하세요."

긍휼하신 하나님의 축복

2006년 어느 겨울, 교회 집사님이 교통사고로 병원에 입원하셨는데 아주 불쌍한 어머니가 있다고 하시며 전도를 부탁해 오셨다. 나는 기도를 하고 부탁받은 어머니를 만나러 병원으로 향했다.

병실에 들어섰는데 뚱뚱하고 인상이 무서워 보이시는 한 어머니가 다리에 깁스를 하시고 계셨다. 그래서 나는 그 어머니에게 다가가서 조심스럽게 말을 걸었다.

"어머니, 전번에 옆 침대에 계셨던 아주머니 소개로 왔어요."

어머니는 나를 반갑게 맞아 주셨다. 어머니는 술 먹은 어떤 사람이 밀어 넘어지시면서 엉덩이 밑에 뼈가 부러지셔서 병원에 입원하셨는데 그 분이 돈도 없고 생활 형편이 어려워서 아무런 보상도 받지 못하고 계신다고 하셨다. 일찍 결혼은 하셨는데 아이를 낳지 못해 자신이 직접 데리고 온 여자를 통해 아이를 낳았다고 하셨다. 어머니의 남편분은 군인이셨는데 같이 살 수가 없어 헤어졌고 그 이후로는 60평생을 혼자서 열심히 살아오셨다.

어머니는 일하시면서 번 돈을 남에게 빌려 주었는데 모두 떼이고, 지금은 좁은 골목에 있는 눈과 비만 피할 수 있는 일산역 옆 조그마한 방 한 칸에서 살고 계셨다. 자식도, 가진 재산도 없어 국가 보조금으로 겨우 한 달을 살아가시는 독거 노인 어머니셨다.

이 어머니는 옛날에 하나님을 믿은 적이 있었는데 하나님을 끝까지 믿지 못하고 떠나서, 세상에서 방황하며 살아오셨던 것 같다. 나는 '하나님을 떠나지 않고 주님과 동행하는 삶을 살았다면 얼마나 형통한 삶이 되었을까?' 하는 생각이 들면서 집 나간 탕자처럼 고생하시며 살아오신 어머니의 인생이 안쓰러워 보였다. 그리고 어머니는 오랫동안 혼자 사셔서 그런지 남을 잘 믿지 않으려고 하셨다.

나는 일주일에 한 번씩 찾아가서 기도해 드리고 돌봐 드렸는데 하나님께서는 나에게 그 어머니를 양어머니로 섬기라는 감동을 주셨다. 그런데 어머니는 그동안 살아오시면서 상처를 많이 받으셨는지, 생각보다 마음의 문을 열지 않으셨다. 나는 어머니의 마음을 열기 위해 시간이 나는 대로 어머니를 모시고 식사하면서 대화를 나누었다.

"어머니, 함께 점심 식사해요. 혼자 식사하시면 입맛이 없으시잖아요."

나는 어머니와 식탁 교제를 하고 봉고차에서 성경 말씀을 공부하고 기도하면서 양육을 했다. 그리고 어머니의 다리가 조금씩 좋아지셨을 때 나는 어머니에게 이렇게 말씀드렸다.

"어머니! 함께 교회에 와서 예배 드려요."

"차도 없는데 어떻게 교회까지 갈 수 있겠어…."

"어머니! 그럼 제가 모시러 갈게요."

내가 이렇게 말씀드리자 어머니는 교회에 나오시겠다고 약속하셨다.

그런데 주일날은 1부, 2부, 3부 예배가 계속 있었기 때문에 내가 직접 모시러 가기란 무척 힘든 상황이었다. 그래서 나는 교인들 중 차량 봉사자를 찾았지만 아무도 할 사람이 없어서 할 수 없이 남편에게 부탁했다. 그래서 남편은 베트남 차량 봉사가 끝나면 바로 어머니를 모시러 갔다. 하나님께서는 네게 붙여준 양이니 네가 양육하라고 봉사자를 붙여주시지 않은 것을 깨달았다.

나는 매주 어머니를 교회에 오시도록 하기 위해, 5개월 이상을 봉사하면서 휠체어에 태워서 함께 예배를 드렸는데 참 기쁘고 감사했다. 그런데 어머니의 친구들이 모두 무당이신데다, 악한 영에게 영향을 받아서인지 어머니는 설교를 들을 때마다 꾸벅꾸벅 조셨다.

나는 차로 모시고 올 때마다 미리 준비한 대로 양육을 했는데 남편은 운전을 해 주고 나는 봉고차 뒷자리에 함께 앉아 성경을 읽어 드리며 예배를 위해서 기도했다. 어머니의 소원은 임대주택에 들어가시는 것이어서 나는 집이 당첨되게 해 달라고 어머니를 만날 때마다 기도해 드렸다. 6년 동안 임대주택에 들어가려고 해도 계속 떨어졌는데 우리의 기도를 들으시고 하나님께서는 임대주택에 당첨되게 하셨다. 나는 이 소식을 듣고 얼마나 기뻤는지 모른다. 어머니도 무척 좋아하셨다.

예배를 드리기 전에 기도하니, 어머니는 예배 시간에 주무시지도 않고 예배를 점점 더 잘 드리게 되셨다. 예배가 끝나고 집에 갈 때면 내가 전도사로 일할 때라 내 일이 다 끝날 때까지 어머니는 나를 기다려 주셨다. 꼭 친정 엄마가 딸을 기다리는 것 같은 느낌이었다. 그리고 일이 끝나면 나는 어머니를 다시 집에까지 모셔다 드렸다.

주일날 나는 예배가 끝나고 어머니를 집에 모셔다 드리려고 교회 앞마당에 나왔는데, 어머니께서는 "전도사님 부탁이 있어요."라고 나에게 말씀하셨다. 집은 당첨되었지만 300만 원의 돈이 더 필요하다고 하시는 것이었다. 그러나 나는 일용할 양식 외에는 빌려 드릴 돈이 없었던 형편이었다. 나는 "돈이 없어 빌려 드릴 수가 없어요."라고 말도 할 수 없었고 그저 침묵하며 기도를 드렸다. 돈이 없다는 말에 어머니에게 상처를 주고 싶지 않았기 때문이었다.

'주님, 어떻게 해요. 돈이 필요하데요.'

내가 이렇게 기도했을 때, 때마침 고양천사운동본부 안 목사님이 내 옆을 지나가셨다. 그래서 나는 얼른 목사님을 불렀다.

"목사님, 드릴 말씀이 있어요. 저 좀 도와주세요."

목사님은 나에게 무슨 일이냐고 물어보시며 사무실로 오라고 하셨다. 그래서 나는 사무실로 가서 사정을 이야기했는데, 목사님은 "알겠어요." 하시면서 도와주시기로 약속하셨다.

그래서 어머니는 고양천사운동본부의 도움으로 무사히 임대주택에 들어가실 수 있게 되셨다. 무에서 유를 창조하신 하나님의 전적인 사랑이요, 은혜였다. 어머니는 눈물을 흘리시며 감사해 하셨다.

하루는 기도 중에 하나님께 이러한 감동을 받았다.

'이죽자인 어머니의 이름을 이제부터는 하나님의 은혜로 사시게 이은혜로 바꾸어 드려라.'

그래서 나는 "어머니, 이제는 이름을 이은혜로 하세요."라고 했더니, 어머니는 좋아하셨다. 어머니는 이름을 바꾸시고 새사람이 되셨다. 야곱의 이름이 이스라엘로 또 여수룬으로 바뀐 것처럼 어머니도 영적인 하나님의 사람으로 온전케 되셨으면 좋겠다. 목발을 짚고 세례를 받으시는 그 모습이 참으로 아름다웠다.

"어머니, 건강하시고 예수님 잘 믿으시고 충성스러운 여생 보내세요. 사랑합니다."

좋으신 하나님

비가 억세게 쏟아지는 수요일이었다. 얼마나 비가 많이 오던지 물이 발목까지 잠겼다. 김 권사님과 함께 전도를 가기로 했는데 권사님은 비가 아주 많이 온다며, 부침이나 해 먹고 오늘은 쉬자고 하셨다. 그러나 나는 권사님을 설득시켰다.

"권사님 비가 올 때 마귀는 더 열심히 심방한데요. 그러니 우리도 더 열심히 전도해야 될 것 같아요"

그랬더니 권사님도 내 말을 듣고 수긍이 가셨는지 고개를 끄떡이시며 말씀하셨다.

"그렇겠네요. 우리도 기도하고 함께 전도 나가요."

우리는 어디로 전도를 갈까 하고 생각하던 중에 권사님이 평소에 반찬도 갖다 주시며 자주 가셨던 보신탕집에 가기로 하였다.

우리는 우산을 받쳐 들고 종종걸음으로 보신탕집으로 향했다. 보신탕집 문을 열고 들어서는데 얼마나 반갑게 맞아 주시던지 아주 기분이 좋았다.

"비 오는데 웬일이세요? 잘 오셨어요!"

그리고 주인 아주머니는 우리에게 따끈한 차를 주셨다. 보신탕집 주인 아주머니는 토정비결을 보러 가시거나 보살집을 늘 다니시며 1년의

운세와 부적을 의지하시며 사셨던 분이셨다. 그런데 아주머니는 서운한 일로 보살과 서로 사이가 나빠지면서 그곳에는 다시 안 가리라 다짐하시고, 교회에서 '누가 전도하러 오지 않나' 하시며 기다리고 계신 것이었다. 아주머니의 마음이 심란하셨을 때, 우리가 찾아간 것이다.

비가 오니까 식당에는 손님도 없었다. 소낙비가 참으로 복된 장맛비였다. 우리는 아주머니와 여러 가지 이야기를 나눈 뒤, 「행복의 길」 책자로 복음을 전하며 예수님을 영접시켰는데 얼마나 간절하게 영접하시고 기도도 잘 따라 하시는지, 감동이었다. 아주머니는 열정이 대단하신 분이셨다. 우리는 아주머니가 이번 주부터 교회에 오시겠다는 약속을 받았는데 집으로 가는 발걸음이 복된 소낙비처럼 행복했다.

며칠이 지났을까. 보신탕집 아주머니가 새벽 기도에 나오셨다. 그날은 특별 새벽 기도회로 많은 성도가 나왔는데 예배가 시작되자, 목사님이 한참을 설교하시고는 기도를 하셨다. 그런데 아주머니는 목사님 설교에 큰 은혜를 받으셨는지, 갑자기 회개가 터져 나와 눈물로 회개 기도를 하셨다.

그렇게 눈물의 회개를 하시고 나서 2주 후에 교회 부흥회가 있었다. 그래서 우리는 아주머니에게 교회 부흥회 때 나오시라고 권면하였다.

"아주머니, 장사하시느라 시간이 없으시겠지만 새벽 기도라도 계속 참석하셔서 은혜 받으세요."

아주머니는 "네" 하시며 새벽 기도에 참석하셨다. 그런데 아주머니는 부흥회에 오신 목사님이 "방언을 사모하는 사람은 방언을 받으리라."라는 말씀을 듣고 하나님께 '저도 방언을 주세요.' 하며 기도하셨는데 그 기도가 응답되어 교회에 나오신지 몇 주만에 아주머니는 방언을 받게 되셨다. 얼마나 열정이 많으신 분이신지 아주머니는 남들이 하는 것은 다 받고 싶으셨나보다.

나는 3개월 동안 하루도 빠지지 않고 식당에 찾아가서 성경을 가르치고 함께 예배를 드리면서 양육을 했다. 아주머니는 얼마나 열정적이셨던지 어떤 날은 내가 좀 늦기라도 하면 바로 전화가 와서 "전도사님! 언제 오세요?"라고 물어보시고는 했다. 아주머니는 이렇게 말씀을 배우시는데 열과 성의를 다하셨다.

식당이 교회 뒤편 가까운 곳에 있어 날마다 찾아가 돌보기에 아주 좋았다. 한가한 시간을 내서 갔는데 성경 말씀을 공부하는 시간에는 신기하게도 손님이 오지 않았다. 나는 아주머니와 함께 기도하면서 일도 도와드렸다.

더욱 놀라웠던 것은 그 바쁜 와중에도 새벽 기도를 쉬지 않고 얼마나 열심히 하시던지 이렇게 열심히 새벽 기도를 하시는 분은 처음이었다. 또 음식을 준비할 때는 하나님께 "오늘은 장사할 때 얼마나 준비해야 할까요?" 하고 물어보시고, 하나님께서 가르쳐 주시는 대로 음식 준비를 하셨다. 그래서 그런지 장사도 옛날보다 더 잘 되었다. 또 아주머니는 뚱뚱했던 뱃살도 빠지게 해 달라며 금식 기도도 하시고 교회에 오실 때

는 예쁜 옷도 남편이 사 주셨다며 입고 오셨는데 사장님이 예수님을 믿
으시면서 행복해하시고 예뻐지시는 모습을 보고 나는 매우 기뻤다.

나는 이 일을 통하여 초신자가 은사를 강하게 받았을 때, 옆에서 돌
보지 않으면 잘못될 수도 있다는 것을 깨달았다. 때를 기다리면서 서서
히 내가 할 수 있는 부분만 도와 드렸다. 아주머니는 교회에서 진행되는
여러 가지 성경 공부를 체계적으로 다 배우시면서 나날이 성숙한 그리
스도인으로 거듭나셨다. 양육을 할 때도 어린아이에게 젖을 먹이고 이
유식으로 단단한 음식을 먹이듯이, 기다림이 필요함을 알았고 아주 세
게 해도 부러지고 상처받아서 하나님을 떠날 수도 있다는 것도 깨달았
다.

하나님의 때를 기다리면서 성령께 맡길 부분은 맡기고, 내가 할 수
있는 것만 하면 나머지는 하나님께서 다른 양육자를 통해서 양육하신
다는 것을 알았다. 한 영혼을 세우기 위해서 하나님께서는 많은 동역자
를 붙여 주시고 세워 가시는 것을 볼 수 있었다.

어느 날 아주머니는 나에게 오셔서 이렇게 말씀하셨다.

"전도사님, 저도 전도하러 갈 때 따라가면 안 될까요?"

"아주머니, 장사 하셔야 하는데 어떻게 전도하러 다니시려고요?"

나는 걱정이 돼서 물어보았다.

"새벽 기도 갔다 와서 장사할 것을 미리 준비해 놓고 12시부터 손님
이 오기 시작하니까 그 전 한 시간 정도는 전도할 수 있어요. 그리고 남

편에게 전도하는 곳으로 데리러 오라고 하면 돼요."

나는 "그러면 그렇게 하세요." 하고 아주머니와 함께 전도하러 다니게 되었다.

하루는 전도를 얼마나 가고 싶으셨으면, 목요일 날 오셔야 하는데 날짜를 잘못 아시고 수요일 목자 성경 공부에 오셔서 앉아 계셨다. 나중에야 자신이 잘못 온 것을 아시고 아주머니는 아쉬워하시며 집으로 돌아가셨다. 장사를 하시면서도 열심히 전도하시는 모습이 아름다워 보였다. 사람들은 외모를 보지만 하나님께서는 우리의 중심을 보시는 분이시다.

그리고 아주머니는 병원 전도를 열심히 하시면서 나에게 2층 집으로 이사할 수 있도록 기도해 달라고 하셨다. 그래서 우리 전도팀들은 열심히 기도를 했는데 하나님의 은혜로 아주머니는 보신탕 건물을 살 수 있었다.

아주머니는 절에 다닐 때는 불공을 열심히 드려도 삶이 힘들었는데 예수 믿고 열심히 전도하니까 재물 얻는 축복도 받고 그렇게 낫지 않았던 피부병과 치질, 자궁 혹, 무좀, 고혈압, 허리 아픈 것, 침침했던 눈, 입술이 부르튼 것, 콧속이 헐며 목이 쉬어 높은 소리를 못 냈던 15가지 병들이 모두 깨끗이 나았다고 좋아하셨다. '사촌이 논 사면 배 아프다.'는 말도 있지만, 난 전도된 사람이 잘되는 것이 내 자녀가 잘된 것처럼 기쁘다.

아주머니는 남편과 일가친척, 이웃에 사는 친구들을 모두 전도하셨다. 지금은 보신탕 장사를 그만 두시고 "참 좋으신 하나님"을 다른 사람에게 전하시면서 온전히 쓰임 받으시는, 하늘에서 해처럼 빛나는 전도자가 되셨다. 지금은 집사님이 되셔서 모든 맡은 일에 충성되게 헌신하시고 계신다. 집사님의 그 섬김이 하늘에서 해처럼 빛나며, 집사님의 그 순종이 하늘에서 해같이 빛나리….

전화 양육

성당에 다니는 자매를 만났다. 상가에서 화장품 가게를 하고 있었는데 무척 성실하고 책임감이 강한 아가씨였다. 나는 화장품을 사고 나서 그 자매와 여러 가지 이야기를 나누었다. 그 자매는 성당에 다니고는 있지만 성경 말씀을 잘 모른다며 배우고 싶어 했다. 나는 아가씨와 함께 성경 공부를 하고 싶은 마음이 들었다.

"자매님, 일주일에 한 번씩 성경 공부를 같이 할래요?"

"네, 근데 저는 성당에 다니는데 괜찮을까요?"

"기독교든 천주교든 하나님을 믿는 것이 같고 천국 가는 것이 같으니까 너무 걱정하지 않아도 돼요."

그리고는 나는 하나님의 은혜로 매주 한 번씩 상가에 찾아가서, 그 자매에게 하나님 말씀을 전하고 가르쳤다. 그 자매는 성경 읽는 것을 좋아해서 성경도 열심히 읽고 성경 말씀도 잘 배웠다. 공부를 하다가 손님이 오면 나는 잠시 기다려 주면서 공부를 했고, 또 비가 쏟아지고 눈이 올 때에도 약속한 시간을 늘 지키면서 양육을 했다. 아가씨는 어떤 때는 쉬고 싶어서 내가 안 왔으면 좋겠다는 생각이 들었을 때도 있었다고 했지만 나에게 미안한 생각이 들어 참고 견뎠다고 했다.

나는 1년 넘게 그 자매를 양육했지만 그 자매가 화장품 가게를 팔고 다른 곳으로 이사 가면서 서로 헤어지게 되었다. 나는 자매를 양육은 했지만 교회로 인도하지 못해 매우 아쉬운 마음이 들었다.

그 후로 몇 년이 지난 어느 날, 갑자기 집으로 한 통의 전화가 걸려왔다. 바로 그 자매였다. 우리 집도 이사를 하고 전화번호가 바뀌었는데 어떻게 알았는지 나에게 전화를 했다. 나는 놀라며 어떻게 우리 집 전화번호를 알았느냐고 물어보았더니 언니가 들어보라고 준 설교테이프에 언니가 섬기는 교회 이름이 있어서 그 교회에 전화해서 물어보았다고 했다.

그런데 그 자매는 나와 통화를 하다가 갑자기 대성통곡을 하면서 우는 것이었다. 나는 자매의 갑작스러운 울음에 너무 놀랐다.

"왜 그렇게 울어요?"

"전도사님, 너무 힘들었는데 천군만마를 만난 것 같아요. 이제는 살 수 있을 것 같아요."

자매는 울면서, 나에게 다음에 또 통화하자며 전화를 끊었다.

그리고 이후에 그 자매에게 그녀의 사정을 듣게 되었다.

"전도사님, 그 때 전화를 끊고 얼마나 울었는지 몰라요. 어쩌면 눈물이 폭포수처럼 흐르던지…. 사실 인생에 아주 힘든 일이 있어서 자살해 죽으려고 했는데, 갑자기 성경을 가르쳐 준 전도사님이 생각이 나서 목소리라도 한번 듣고 죽어야겠다는 생각에 전도사님을 찾았어요. 그런데 전도사님과 전화통화를 하고 나서 죽고 싶은 마음이 사라졌어요."

난 매일 저녁, 전화로 그 아가씨의 이야기를 들어 주고 기도해 주는 전화 사역을 시작하였다. 직장을 다니고 있고 거리가 멀어서 자주 만날 수는 없었지만, 전화로 통화하며 양육했더니 놀랍게도 그 아가씨의 상한 마음이 회복되었다.

4년이 되는 지금도 하루도 빠짐없이 저녁이 되면 아가씨에게서 전화가 온다. 그 아가씨는 4년 전에 기독교로 개종하고 열심히 하나님을 섬기고 기도하기에 힘쓰는 하나님의 자녀가 되었다. 어려운 고난이 있을 때마다 기도로 그 문제를 해결하며 하나님을 의지하는 그 아가씨의 믿음이 아름답다.

"내가 산을 향하여 눈을 들리라. 나의 도움이 어디서 올까 나의 도움은 천지를 지으신 여호와 에게서로다."(시 121:1-2)

만약 내가 그 아가씨가 천주교인이라고 양육하지 않았다면 어떻게 됐을까? 우선 동기를 내려놓고 하나님 말씀을 전했더니 하나님께서는 위경에서 건져 주시고 한 생명을 살려 주셨다. 그리고 예수 그리스도를 확실히 영접하고 믿는 하나님의 일꾼이 되게 하셨다. 하나님의 때에 그 자매를 하나님께서 교회로 인도하시고, 주일 성수도 잘 지키게 하시어 하나님의 뜻에 순종하는 믿음을 허락해 주셨다.

또 그 자매는 어머니를 모시고 살면서 어머니도 전도했다. 어머니는 자궁암과 여러 가지 질병으로 많이 아프셨다. 그러나 믿음으로 어머니의 건강을 위해서 기도하며 효도하는 그 마음을 보시고 하나님께서는 어머니의 생명을 연장시켜 주셨다.

'할렐루야! 히스기야의 병을 고쳐 주시고 연장시켜 주신 하나님! 이 어머니에게도 80세까지 건강하게 예수님 잘 믿고 기도하며 사시다가 잠자듯이 주의 품에 안기게 해 주세요.'

"네 부모를 공경하라. 그리하면 네 하나님 여호와가 네게 준 땅에서 네 생명이 길리라."(출 20:12)

나는 많은 사람들을 진리 가운데로 인도하는 별과 같은 전도자가 되고 싶다.

양어머니

매주 화요일은 동네 아파트에 장이 서는 날이다. 우리 전도팀은 전도를 해야겠다고 생각해서 전도지를 갖고 나갔는데 멀리서 빨간 모자를 쓰고 유모차를 끌고 나오시는 어머니가 눈에 띄었다.

그래서 나는 그 어머니에게 다가가 인사를 했다.

"안녕하세요, 어머니!"

어머니는 내 인사를 받으시고는 반가워하셨다.

"어디에 사시는데 여기까지 장을 보러 나오셨어요?"

어머니는 나와 같은 아파트에 살고 계신다고 하셨다. 심심해서 잠깐 나왔다고 하시며 웃는 얼굴로 말씀해 주셨다. 나는 어머니를 전도해야겠다는 생각이 들면서 우리는 금방 친해졌다.

"어머니! 저랑 같은 아파트에 사시니 놀러 가도 될까요?"

어머니는 좋다고 하시며 놀러 오라고 하셨다.

수요일 오전, 나는 심방을 다 마치고 이 권사님과 함께 어머니 집에 놀러 갔다. 어머니는 아파트 노인정도 문을 열지 않았고, 이웃에 아는 사람도 없어서 매일 혼자 집에 있는데 너무 심심하다고 하시며 우리에게 자신의 과거 이야기를 들려 주셨다.

"나는 어렸을 때 일본에 살다가 한국으로 오면서 열일곱 살에 결혼

을 했어요. 지금까지 6남매를 낳아서 키웠고 내 나이가 88세인데 지금
은 막내아들 집에서 살고 있지요. 그런데 17년전 손주가 아파서 절에
다니며 백일기도를 한 적이 있어요.” 하고 어머니는 말씀하시며 교회
총동원 주일에 초청되어서 교회에 가 본 적은 있지만, 평생 절에만 다녀
서 교회는 못 다닌다고 하셨다.

우리는 2시간 30분 정도 어머니의 이야기를 들어 드렸다. 어머니는
오래간만에 자신의 말을 들어 주는 사람들이 있다며 매우 좋아하셨다.
5분 동안 하나님 말씀을 전하고 기도를 해 드렸더니 자신의 이야기를
들어 준 것이 고마우셨는지 큰 소리로 “아멘” 하셨다.

그래서 매주 수요일이면 우리는 어머니를 찾아가 이야기를 들어 드
리며 기도하고 돌아오는 일을 반복하게 되었다. 어머니와 친해지게 되
면서 셀 모임에 초대도 하고 점심 때는 식사를 같이 하기 위해 식당에도
같이 가는 나들이도 하였다. 나는 친정어머니를 6년간, 시아버지를 11
년간 우리 집에서 모셨는데 양부모님을 17년간 모시고 살 수 있게 해
주신 것에 하나님께 무척 감사한 마음이 들었다. 그래서 나는 어머니에
게 이렇게 말씀드렸다.

“어머니, 저를 양딸로 생각하세요. 제가 가까이 사니까 자주 올게
요.”

어머니는 그렇게 하시겠다고 하셨고, 나는 양어머니가 생긴 것이 너
무나 기뻤다.

어떤 날은 어머니가 우리 집에 오셔서 식사도 가끔 같이 하셨는데 맛있게 드시는 그 모습이 참 좋아 보였다. 어머니는 88세의 나이에도 썩은 이가 하나도 없고, 뽑은 이도 하나 없는 건강한 이를 갖고 계셨다. 무슨 음식이든지 맛있게 잘 드셨고 귀도 잘 들리셨으며 눈도 밝고 건강하셨는데, 이가 건강하다는 것이 그중 참 큰 축복이었다.

하나님께서는 내가 어머니의 말벗이 되어 드림으로 서로 믿고 의지하는 사랑의 관계를 이루어 주셨다. 진실과 사랑과 믿음은 서로에게 참 중요한 것 같다.

그러다 어머니에게 큰 슬픔이 찾아왔다. 같이 살고 있었던 막내아들이 심장 마비로 갑자기 죽은 것이었다.

어느 날 저녁, 나는 한 통의 어머니의 전화를 받았다. 어머니는 아들이 먼 곳으로 갔다고 하셨다. 나는 처음엔 어머니의 말뜻을 이해하지 못하고 "그럼 아들은 언제 와요?" 라고 했더니, 어머니는 슬프게 우시며 영영 못 오는 곳으로 갔다고 하셨다. 어머니의 충격은 아주 커 보였다. 어머니의 아들은 나와 나이가 동갑이었는데, 하늘나라로 갔다는 소식을 듣고 나는 마음이 아팠다.

"어머니, 올 때는 순서가 있어도 갈 때는 순서가 없어요. 생명은 하나님께 있는데 우리가 어찌할 수 있겠어요."

나는 어머니를 위로해 드렸다.

"내가 빨리 죽었으면 이 꼴을 보지 않을 텐데⋯. 오래 살아서 이런 꼴을 보았네요."

어머니는 눈물을 흘리시면서 말씀하셨다. 그러면서도 나의 마음 한 구석에는 걱정이 앞섰다. 어머니가 혹시 '내가 예수를 믿어서 우리 아들이 죽은 게 아닌가!' 하고 생각하실까봐서였다.

그래서 나는 눈물로 하나님께 기도했다.

'살아 계신 하나님 아버지, 어머니를 위로해 주세요! 우리가 위로할 수는 없지만 살아 계신 하나님은 위로의 하나님이십니다. 마음과 생각을 지켜 주시고 불쌍히 여겨 주세요. 이제 어머니가 새로운 곳으로 가서 사셔야 해요. 예수 믿는 큰딸 집에 가서 살게 해 주시고 교회도 나가게 해 주셔서 예수님을 확실하게 믿고 천국에 갈 수 있도록 인도해 주세요.'

며칠이 지나서 어머니에게서 한 통의 전화가 걸려 왔다. 어머니는 약간 떨리는 목소리로, 가진 돈이 없어 혼자서 살 수도 없고 그렇다고 갑자기 자식들에게 나 좀 데려가 달라고 말하기도 어렵다고 하시며, 며느리 눈치 보는 것도 힘들다고 하셨다.

그러던 어느 날, 어머니로부터 또 한 통의 전화가 걸려 왔다. 자기는 이제 큰아들 집으로 가신다고 하시며 그동안 걱정해 주고 기도해 줘서 고맙다고 하시는 것이었다. 나는 "참 잘 되셨네요." 하면서 전화를 끊었지만 나의 마음 한구석에는 교회를 다니는 딸집으로 갔으면 좋겠다는 생각이 들었다. 그래서 나는 계속 기도했다. 그리고 어머니도 아들의 죽음을 통하여 하나님을 더 의지하고 예수님 이름으로 날마다 기도하시는 분이 되셨다. 고난을 통하여 하나님을 더욱 찾게 하신 성령의 사랑에 감사드린다.

그 이후 하나님께서는 어머니가 딸집으로 가실 수 있도록 딸을 강권적으로 인도하셨는데 딸이 교회에서 기도하던 중 여러 명의 형제들이 있지만 네가 어머니를 모시라는 하나님의 음성을 듣고 어머니를 자신이 모셔가겠다고 했다. 성령의 교통으로 서로가 하나 되게 하셔서 응답해 주셨고 어머니는 하나님께서 기도를 들어주셨다고 기뻐하시며 행복해하셨다.

어머니와 헤어진 얼마 후, 어머니로부터 전화가 왔는데 인천 딸집이라고 하시며 이번 주부터 교회에 꼭 나가고 하나님을 더 잘 믿겠다고 하셨다. 일찍 돌아가셨다면 하나님을 만나지 못했을 텐데 오래 사셔서 하나님을 만날 수 있게 하시고 구원해 주신 하나님께 감사와 영광을 돌린다.

"우리의 연수가 칠십이요, 강건하면 팔십이라도 그 연수의 자랑은 수고와 슬픔뿐이요, 신속히 가니 우리가 날아가나이다."(시 90:10)

'88세에 하나님을 온전히 만나게 하신 하나님, 오래 살게 해 주셔서 감사합니다. 1년 동안 어머니로 모시며 기쁨을 주시고 또 예수 믿게 하시고 천국을 바라보는 믿음을 주셔서 감사합니다. 어머니, 건강하게 오래오래 사세요. 이제 어머니는 예수 그리스도 안에서 한 살입니다.'

선한 청지기

부잣집에 시집가서 남부러울 것 없이 행복하게 살았던 한 여인이 있었다. 50, 100만 원 하는 비싼 옷도 사 입고 명품도 즐기면서 살았는데 남편과 함께 미국에 들어가 살면서 남편의 구타가 시작되었다. 남편이 화가 나면 이 여인을 골프채로 머리나 등을 때려서 병원에 실려 가기도 했다.

남편은 과보호를 받으며 자라나서 남을 배려하지 못하는 이기주의자였다. 남편과 결혼해서 아들도 한 명 낳았지만, 남편의 폭력 때문에 결국 이혼을 하게 되었다. 함께 살 때는 남편의 폭력으로 고통스러웠는데, 헤어지고 나니 몰려오는 외로움이 그녀를 힘들게 했다. 아들도 시어머니가 키우시겠다고 데려가셔서 만날 수 없었다. 그래서 그녀는 아이를 몹시 보고 싶어 했다.

이혼을 한 후에도 그동안 받은 상처와 스트레스로 괴로워했고, 외로움 때문에 우울증에 걸려서 아주 힘든 하루하루를 보내고 있었다. 친정 어머니도 일찍 돌아가시고 새어머니 밑에서 고생하며 자랐는데 언니마저 자살하고 저세상으로 간 후부터는 자신의 속마음을 나누며 대화할 사람이 없었다.

그러던 중 친구가 이 소식을 듣고 이 여인을 교회로 인도하여 예수를 영접시켰다. "환난 날에 나를 부르라 내가 너를 건지리니 네가 나를 영화롭게 하리로다."(시 50:15)라고 말씀하신 것처럼 다행히 환난을 통하여 그리고 친구의 도움으로 이 여인은 하나님 앞으로 나오게 되었다. 내가 생각하기에는 어떤 친구가 자신 옆에 있는지가 삶을 살아가는데 있어 매우 중요한 것 같다. 힘들어하는 사람에게는 길만 안내해 주어도 그 사람은 구덩이에서 나올 수 있는데 모른 척 하고 챙겨 주지 않는 친구가 많은 것 같다.

또 하나님의 은혜로, 이 여인은 전도팀에 나오시는 좋은 구역장을 만나셨는데 구역장은 이 여인을 어떻게 도와야 될지 모르겠다고 하면서, "전도사님 도와주세요." 하며 도움을 요청해 오시기도 했다. 우리는 이 여인을위해 열심히 기도하면서 사랑으로 잘 섬겼다. 그리고 늘 그녀와 통화하고 어렵고 힘들 때면 언제든 찾아가 함께 예배를 드리고 식사도 하며 그 여인을 도와 주었다.

처음 그녀를 만났을 땐 과거의 충격 때문에 우울증이 아주 심하였고 모든 장소에서 불안해했다. 병원에 다니며 정신과 약도 먹었지만 불면증으로 잠을 제대로 자지 못할 때가 잦았다. 그래서 나는 매일 시편과 잠언을 읽도록 권면했는데, 시편 말씀을 날마다 읽고 하나님께 기도할 때마다 마음이 평안해지고 안정이 되었다고 했다.

또 개인적으로 그녀에게 성경을 가르치게 되었는데 집에서도 가르치고 봉고차를 들판에 세워놓고 벼가 누렇게 익은 논 옆에서 들녘의 벼를 바라보며 하나님의 말씀을 가르칠 때도 있었으며, 호숫가에서 함께 성경 공부를 한 적도 있었다. 나는 지금도 그때의 그 시간을 잊을 수가 없다. 아름다운 자연과 함께 공부하니 우주 만물을 통하여서도 하나님을 알 수 있었던 일거양득의 좋은 시간이었던 것 같다.

"내 영혼아 네가 어찌하여 낙심하며 어찌하여 내 속에서 불안해하는가. 너는 하나님께 소망을 두라. 그가 나타나 도우심으로 말미암아 내가 여전히 찬송하리로다."(시 42:5)

이 여인은 3년 동안 하나님의 말씀을 통하여 건강을 회복하게 되었고 영어 학원에서 강사로 일하면서 돈도 벌게 되었다.

이제는 자기처럼 이혼하고 고통받는 자들의 친구가 되어서 그들을 위로하며 섬기는 사랑의 사람이 되겠다고 하였다. 지금은 4,000명이나 가입한 카페에 리더로 섬기며 봉사하고 강의도 하면서 마음이 상한 자들을 돕는 봉사자가 되었다.

지금도 영어 과외를 하면서 자기 것을 나누어 주면서 그 얼굴에 웃음꽃이 피는 모습이 아름답다. 돈도 많이 벌게 되어 감사하는 마음으로 사니까 더욱 감사가 넘치게 하는 것 같다며 앞으로도 더 많은 사람을 섬기며, 남을 위해 봉사하고 살겠다고 했다. 그 꿈이 꼭 이루어지기를 기도합니다. 아픈 사람과 함께 하며, 기뻐하는 사람과 함께 하는 것은 참으로 행복했다.

"만물의 마지막이 가까이 왔으니 그러므로 너희는 정신을 차리고 근신하여 기도하라. 무엇보다도 뜨겁게 서로 사랑할지니 사랑은 허다한 죄를 덮느니라. 서로 대접하기를 원망 없이 하고 각각 은사를 받은 대로 하나님의 여러 가지 은혜를 맡은 선한 청지기같이 서로 봉사하라. 만일 누가 말하려면 하나님의 말씀을 하는 것 같이 하고 누가 봉사하려면 하나님이 공급하시는 힘으로 하는 것 같이 하라. 이는 범사에 예수 그리스도로 말미암아 하나님이 영광을 받으시게 하려 함이니 그에게 영광과 권능이 세세에 무궁하도록 있느니라. 아멘." (벧전 4:7-11)

6. 한 영혼을 향한 비전, 그리고 소명

나의 소명은 전도와 사명자를 세우는 일

책을 발간하기까지 거의 일 년을 망설였다. 혹, 내 자랑이 되지 않을까 하는 생각에 책을 쓰지 않고 있었다. 그러던 중 김승태 장로님의 전화를 받고 생각이 조금씩 변하게 되었다. 이 간증문을 통해 한 사람의 사명자라도 탄생할 수 있다면, 그보다 더 귀한 일이 없을 것 같다는 생각이 들었다. 지금까지의 모든 내 생각이 어쩌면 교만일 수도 있다는 생각을 하게 되었고 '예수님은 목숨까지 내 놓으셨는데…' 책 한 권으로 알량한 내 자존심을 지키려 했으니 너무도 부끄럽다는 생각이 들었다.

어느 이른 봄, 거룩한빛광성교회에서 사역할 때였다. 우연한 기회로 한 집사님을 통하여 미자립교회에 전도 지원을 하게 되었다. 전도를 마치고 돌아오는 집사님들의 얼굴에 웃음과 기쁨이 충만해 있는 모습을 보았다. 열 번의 교육보다 한 번의 실천이 중요하며, 한 영혼을 구원했을 때의 그 기쁨은 인간이 줄 수 없는 것이라는 것을 다시금 깨닫는 시간이었다.

나는 한 사람이 전도를 잘하는 것보다 여러 사람이 협력하여 전도하기를 소망했고, 양육을 통하여 전도하고 사명자를 세워야 된다고 생각했다. 그래야 그들이 또 다른 사명자를 낳고 그 사명자들이 또 다른 영혼을 구원하는 배가 전도가 이루어질 수 있기 때문이다.

전도에는 많은 용기가 필요하다. 전도는 모르는 사람에게 다가가야 하기에 이론보다는 현장 전도 실습이 더 많이 필요하다. "죽어도 나는 전도 못해요."라고 말했던 사람들도 나와 같이 6개월 이상 전도하러 다니면서 모두 전도자가 되었다.

결론적으로, 전도는 하나님의 강권적인 인도로 이루어지는 것이며 '하면 된다'는 실제적인 증거이기도 하다. 그동안 우리는 실습보다 이론에 좀 더 많이 치우쳐 왔음을 시인하지 않을 수 없다. 그래서인지 많은 사람은 전도의 중요성을 알고 있고 복음을 전해야 한다고 마음속 깊이 소망하면서도, 막상 쑥스럽고 용기가 없어 전도하지 못한다.

나는 2007년 겨울 강원도 전 지역 연합집회 전도 간증자로 다녔다. 산간 지방의 미자립교회의 실태를 보면서 미자립교회를 어떻게 도와야 할지 곰곰이 생각하게 되었다. 그래서 2008년 10월, 남편과 같이 기도하면서 예수맘전도훈련센터의 문을 열게 되었다. 사무실은 지금 우리가 사는 집으로 하고 남편은 간사 일을, 나는 전도 지원을 하는 쪽으로 방향을 잡았다. 그러나 막상 수입도 없는 데다 아무런 예산과 후원도 없는 상태에서 센터를 운영한다는 것은 쉬운 일이 아니었다.

그래서 나는 몇 날을 고민하며 기도하고 있는데 "그런즉 너희는 먼저 그의 나라와 의를 구하라. 그리하면 이 모든 것을 너희에게 더하시리라.(마 6:33)"라는 성경구절이 생각나면서 '이것저것 따져가며 언제 주님의 일을 할래? 라고 나를 책망하시는 주님의 음성이 들렸다.

그래서 순종하는 마음으로 예수맘전도훈련센터의 문을 열게 되었으며 열 군데에 전도 지원을 했고 앞으로도 힘 닿는대로 미자립교회 전도 지원을 도울 생각이다.

예수맘전도훈련센터에서는 현장을 통하여 전도 체질화를 시키고 제자 양육을 통하여 전도자를 만들며 전도 특공대를 세우는 일에 목표를 두고 있다.

또한 전도 간증집회를 통하여 이 시대에 전도의 바람을 일으킬 바울과 같은 전도자가 되기를 소망한다. "하나님의 지혜에 있어서는 이 세상이 자기 지혜로 하나님을 알지 못하므로 하나님께서 전도의 미련한 것으로 믿는 자들을 구원하시기를 기뻐하셨도다."(고전 1:21)라고 말씀하신 것처럼, 미련하지만 힘을 다할 때까지 주님의 일을 하고 싶다.

부흥이 되느냐, 그렇지 않느냐 하는 것은 전 교인들이 얼마나 전도에 관심을 두느냐에 있다. 전도는 사랑이다. 교인끼리 사랑하며 한마음이 되기 위해 노력하며 전도하기에 불을 붙여야 한다. 한 교회 안에 목숨을 건 한 분의 전도자만 있어도 그 교회는 부흥하게 된다. 전도는 방법에 있는 것이 아니라 사랑하는 마음에 있다. 그러나 우리 교회로 데려와야 한다는 부담과 실적을 생각하다 보니, 전도는 어렵다고 생각하고 포기하게 되는 것 같다.

전도센터에서는 이처럼 전도하지 못하게 하는 모든 것들을 교육과 현장 훈련을 통하여 전도는 어렵지 않다는 것을 가르치고 있다. 또 전도자와 특공대를 세워서 날마다 전도하는 전도의 바람을 일으키기 위해 노력하고 있다.

"전도센터 건물이 세워지기를 간절히 기도하며 나를 이 자리에 있을 수 있게 만들어 주신 하나님과 눈으로 말씀해 주시고 마음으로 믿어 주신 정성진 담임 목사님께 진심으로 감사를 드립니다."

태국과 베트남에 100개 교회 세우기

2002년 3월 한가로운 일산 신도시에 외국인들이 하나둘씩 많아지면서 나는 그들이 우리나라에 근로자로 들어와 일하고 있다는 것을 알게 되었다. 그 당시 일산 근교 가구공단과 공장에서 일하는 외국인 근로자가 많이 있었다.

그때부터 나는 그들에게 관심이 생겼고 그들의 삶을 보면서 전도를 해야겠다는 생각이 들었다. 미국, 파키스탄, 인도, 필리핀, 방글라데시, 태국, 몽골, 베트남, 아프리카, 중국 이렇게 10개의 국가 사람들을 전도하게 되었는데 언어가 통하지 않아 손짓, 몸짓으로 말씀을 전했다. 그런데 이렇게 많은 나라를 전도하는 중에 주님은 특별히 태국과 베트남을 내 맘속에 품게 해 주셨다. 그렇지만 여전히 태국과 베트남은 나에게 낯설고 먼 나라이다.

그러던 중 황경희 선교사님과 태국에 가 보게 되었다. 막연히 생각했던 모든 것들이 구체화되면서 불교 국가인 태국에 빨리 교회를 세우고 복음을 심어야겠다는 생각이 들었다. 태국의 거리와 상가에는 온통 불상이 세워져 있었으며 교회는 찾아보기 어려웠다. 우상 앞에 절하는 캄캄한 이 땅을 바라보면서 수많은 영혼들이 너무도 불쌍하다는 생각이 들었다.

전도한 태국 자매들과 방콕에서 함께

지금은 황 선교사님이 태국 근로자들을 양육하시며 한국에서 살다가 자국으로 돌아간 근로자 자매들을 신학교와 사회단체에서 리더로 키우는 중이시다. 또한 베트남은 박수철 집사님을 통해 복음이 전파되고 있다. 베트남은 월남 전쟁으로 과거에 우리나라와 갈등 관계에 있었지만 지금은 사랑과 협력의 관계로 변하였다. 이제야말로 국교 없는 베트남에 빨리 복음을 전파해야 할 때이다. 나는 베트남에 교회, 학교, 병원, 보육원, 양로원이 세워져서 주의 복음을 전할 수 있기를 기도하고 있다.

'바울처럼 그곳에 빨리 교회가 세워지며 복음이 전해지는 역사가 예수님의 이름으로 일어나길 간절히 기도합니다. 아멘.'

쉼터 세우기

언젠가 일대일 어머니로 사역할 때 안산 소년원에서 만난 한 소년이 있었다. 이 소년은 7일 후면 출소를 하게 되는데 막상 출소를 해도 돌아갈 집이 없었다. 부모님도 안 계시고 친척이라고는 외삼촌 한 분이 계셨는데 그분 역시 확실한 거처를 몰라 갈 수가 없었다.

정말 복지국가라 하는 우리나라에서 문제아 청소년을 소년원에 보내는 일에는 적극적이고 열정적이지만, 출소한 청소년에게는 아무런 대책이 없는 이 현실을 보고 참 안타까운 생각이 들었다. 그러다 보니 출소한 청소년이 또 범죄를 저지르고 소년원에 다시 들어오는 악순환이 되풀이되고 있었다. 만약 쉼터라는 공간이 있었더라면 이 아이들이 자립할 때까지라도 보살펴 주었을 텐데 하는 아쉬움이 내 마음을 아프게 했다.

나는 전도할 때 늙고, 가난하고, 아프고, 병든 자를 먼저 찾아갔다. 그것은 내가 하는 것이 아니라 예수님이 하시는 것이고 또 예수님이 우리에게 그렇게 하라고 하셨기 때문이다.

우리나라는 지금 고령화 시대에 접어들면서 노인 문제가 심각하게 대두되고 있다. 자녀가 여러 가지 이유로 부모님을 서로 모시지 않으려하기 때문이다. 얼마 전 전도하기 위해 한 어머니를 만났는데, 이 어머

니는 자식이 다섯이나 있는데도 자기를 모시겠다고 하는 자식이 없다
며 매우 불안해하셨다. '나에게도 부모님이 계시고 부모님이 계시기에
내가 있을 수 있었는데' 하는 생각을 하니, 마음이 매우 아팠다. 나는 "어
머니, 가실 곳이 없으면 제가 모실게요." 하면서 어머니를 위로해 드렸
다. 나는 어머니의 촉촉해졌던 눈망울이 밤새 내 눈앞에 어른거려 잠을
잘 수 없었다.

그래서 나는 하나님께 기도했다.

'가나안농군학교에서 배운 것처럼 말로만 하는 내가 아니라, 이 시
대에 촛불을 커들 수 있는 하나님의 자녀가 될 수 있게 해 주세요. 힘들
고 연약하신 분들을 모시고 기도의 어머니가 되어 교회와 나라와 열방
을 위해서 중보 기도하다가 하나님께서 오라고 하실 때 잠자듯이 주의
품으로 갈 수 있는 양로원과 쉼터를 세워 주세요. 아멘'

7. 전도 가이드

"누구나 전도할 수 있다."

(1) 전도란 무엇인가?

1. 예수 그리스도를 소개하고 알리는 것입니다.

전도의 목적은 하나님께서 원하시는 대로 내가 불신자에게 복음을 전함으로써 그들도 예수를 믿고 구원받아 천국에서 영생의 삶을 살도록 하는 것입니다.

구체적으로 말하자면, 전도는 교회 사역의 중심이며 성도들이 그들의 삶의 범주 내에 속한 사람들에게 예수 그리스도의 좋은 소식을 선포하는 실제적인 사역입니다. 또한 다른 사람들에게 그리스도의 사랑을 전해야 하는 믿는 자 한 사람 한 사람의 책임입니다. 그러므로 우리 모두는 전도 사역을 위해 언제나 준비되어 있어야 하며, 잃어버린 상태에 있는 그들을 향해 사랑의 동기로 좋은 소식을 전할 수 있도록 준비돼 있어야 합니다.

첫째로- 우리는 우리 세대에 사는 사람들과 자연스럽게 대화할 수 있도록 예수 그리스도의 좋은 소식을 성서적, 논리적 그리고 적절한 형식으로 확실히 알고 있어야 합니다.

둘째로- 우리는 다른 사람에게 예수 그리스도의 좋은 소식을 말할 수 있는 능력을 가져야 하며, 이러한 능력은 연습을 통해서만 얻을 수 있습니다. 먼저 주님을 알며 분명하고 확신 있게 복음을 선포할 수 있는 이들에게 배우고, 이들과 함께 연습합니다. 또한 생활 속에서 우리와 함께하는 잃어버린 자들에게 복음을 전하는 것을 실제적으로 연습해야 합니다.

(롬 1:4-5) 성결의 영으로는 죽은 자들 가운데서 부활하사 능력으로 하나님의 아들로 선포되셨으니 곧 우리 주 예수 그리스도시니라 그로 말미암아 우리가 은혜와 사도의 직분을 받아 그의 이름을 위하여 모든 이방인 중에

서 믿어 순종하게 하나니

위 말씀처럼 우리가 해야 할 일은 모든 이방인들(하나님을 알지 못하는 자들)을 불러 하나님의 아들이신 주 예수그리스도의 이름을 믿고 순종하게 하는 것입니다.

2. 전도는 사단과의 영적 싸움입니다.

전도를 전투의 의미로 본다면 사단의 지배하에 있는 사람을 하나님의 사람으로 변화시키는 것입니다. 또한 마귀의 지배하에 조정당하고 있는 사람을 영적 전투로 승리해서 뺏어오는 영적 싸움이기도 합니다. 예수님께서 이 세상에 오신 것도 마귀들을 멸하시고 그곳에서 우리들을 구원하시려고 오셨습니다.

(요일 3:8) 죄를 짓는 자는 마귀에게 속하나니 마귀는 처음부터 범죄함이라 하나님의 아들이 나타나신 것은 <u>마귀의 일을 멸하려</u> 하심이라

(고후 4:4) 그 중에 이 세상의 신이 믿지 아니하는 자들의 마음을 혼미하게 하여 그리스도의 영광의 <u>복음의 광채가 비치지 못하게 함</u>이니 그리스도는 하나님의 형상이니라

(고후 2:10-11) 너희가 무슨 일에든지 누구를 용서하면 나도 그리하고 내가 만일 용서한 일이 있으면 용서한 그것은 너희를 위하여 그리스도 앞에서 한 것이니 이는 <u>우리로 사탄에게 속지 않게 하려 함</u>이라 우리는 그 계책을 알지 못하는 바가 아니로라

(엡 2:2) 그 때에 너희는 그 가운데서 행하여 이 세상 풍조를 따르고 공중에 권세 잡은 자를 따랐으니 곧 <u>지금 불순종의 아들들 가운데서 역사 하시는 영</u>이라

(마 9:36) 무리를 보시고 불쌍히 여기시니 이는 그들이 목자 없는 양과 같이 고생하며 기진함이라

(살후 2:10-11) 불의의 모든 속임으로 멸망하는 자들에게 있으리니 이는 그들이
진리의 사랑을 받지 아니하여 구원함을 받지 못함이라

전도는 영적 싸움이기 때문에 전도자들에게나 전도팀을 향하여 사단들은 오늘도 공격해 옵니다. 그러므로 많은 기도로 성령 충만을 받아야 하며(사단은 전도팀과 목회자를 이간질 시킴으로 전도자를 분해시키려 합니다.) 그러므로 우리는 성령 충만으로 채워져 있어야 하며 항상 전투 준비가 되어져 있어야 합니다.

※ 어떤 방법으로 방해하는가
① 분주 ② 다른 중요한 일(우선순위) ③ 가정, 주위환경 ④ 허영심
⑤ 조급 ⑥ 사람중심(인본주의) ⑦ 포기상태

3. 전도는 영혼을 살리는 것입니다.

예수님께서 성읍을 두루 다니시며 많은 영혼과 병든 자를 치료하신 것 같이 전도는 죽어가는 영혼을 살리는 것입니다.

(유 1:23) 또 어떤 자를 불에서 끌어내어 구원하라 또 어떤 자를 그 육체로 더럽힌 옷까지도 미워하되 두려움으로 긍휼히 여기라

전도는 물에 빠진 사람을 건져내서 인공호흡을 시키고 살려내는 작업이기도 합니다. 전도하지 않으면 불 속에서 타죽게 가만두는 것이며, 전도하는 것은 영혼을 사랑(긍휼)해서 지옥(마귀)에서 끌어내는 것입니다.

1. 하나님의 지상 명령이기 때문입니다.

(마 28:19-20) 그러므로 너희는 가서 모든 민족을 제자로 삼아 아버지와 아들과 성령의 이름으로 세례를 베풀고 내가 너희에게 분부한 모든 것을 가르쳐 지키게 하라 볼지어다 내가 세상 끝날까지 너희와 항상 함께 있으리라 하시니라(가서, 제자 삼고, 세례 주고, 가르쳐 지키게 하라)

(막 16:15-16) 또 이르시되 너희는 온 천하에 다니며 만민에게 복음을 전파하라 믿고 세례를 받는 사람은 구원을 얻을 것이요 믿지 않는 사람은 정죄를 받으리라(온 천하에, 만민에게, 복음을, 전파하라)

(행 1:8) 오직 성령이 너희에게 임하시면 너희가 권능을 받고 예루살렘과 온 유대와 사마리아와 땅 끝까지 이르러 내 증인이 되리라 하시니라

(딤후 4:2) 너는 말씀을 전파하라 때를 얻든지 못 얻든지 항상 힘쓰라 범사에 오래 참음과 가르침으로 경책하며 경계하며 권하라

(고전 9:14-16) 이와 같이 주께서도 복음 전하는 자들이 복음으로 말미암아 살리라 명하셨느니라 그러나 내가 이것을 하나도 쓰지 아니하였고 또 이 말을 쓰는 것은 내게 이같이 하여 달라는 것이 아니라 내가 차라리 죽을지언정 누구든지 내 자랑 하는 것을 헛된 데로 돌리지 못하게 하리라 내가 복음을 전할지라도 자랑할 것이 없음은 내가 부득불 할 일임이라 만일 복음을 전하지 아니하면 내게 화가 있을 것이로다

(마 24:14) 이 천국 복음이 모든 민족에게 증언되기 위하여 온 세상에 전파되리니 그제야 끝이 오리라

(눅 24:47-48) 또 그의 이름으로 죄 사함을 받게 하는 회개가 예루살렘에서 시작

하여 모든 족속에게 전파될 것이 기록되었으니 너희는 이 모든 일
의 증인이라
(요 20:20-21) 이 말씀을 하시고 손과 옆구리를 보이시니 제자들이 주를 보고 기
뻐하더라 예수께서 또 이르시되 너희에게 평강이 있을지어다 아버
지께서 나를 보내신 것 같이 나도 너희를 보내노라
(딛 1:2-3) 영생의 소망을 위함이라 이 영생은 거짓이 없으신 하나님이 영원 전부
터 약속하신 것인데 자기 때에 자기의 말씀을 전도로 나타내셨으니 이
<u>전도는 우리 구주 하나님이 명하신 대로 내게 맡기신 것이라</u>

말씀에 나와 있는 것처럼 전도는 예수님의 유언이자 명령입니다. 유언이라는 것
은 본인이 못다 이룬 것을 부탁하는 말입니다. 예수님께서 우리에게 부탁하신 것은
앞으로 예수님의 목표이셨습니다. 예수님께서 이 세상에 오셔서 하시려 했던 일이
무엇인지 본문의 말씀을 보고 우리는 알 수 있습니다. 전도를 하지 않는 것은 우리
가 매일 성경을 보며, 하나님 말씀을 묵상하면서도 하나님께서 우리에게 부탁하신
것이 무엇인지 모르는 것과 같습니다. 그러나 그것 은 알면서도 모른 척하는 거짓말
에 불과합니다.

2. 하나님께서 가장 기뻐하시는 일이기 때문입니다.
(고전 1:21) 하나님의 지혜에 있어서는 이 세상이 자기 지혜로 하나님을 알지 못
하므로 하나님께서 전도의 미련한 것으로 믿는 자들을 구원하시기를
<u>기뻐하셨도다</u>
(겔 33:11) 너는 그들에게 말하라 주 여호와의 말씀이니라 나의 삶을 두고 맹세하
노니 나는 악인이 죽는 것을 기뻐하지 아니하고 악인이 그의 길에서
돌이켜 떠나 사는 것을 <u>기뻐하노라</u> 이스라엘 족속아 돌이키고 돌이키
라 너희 악한 길에서 떠나라 어찌 죽고자 하느냐 하셨다 하라

(눅 15:32) 이 네 동생은 죽었다가 살아났으며 내가 잃었다가 얻었기로 우리가 즐
거워하고 기뻐하는 것이 마땅하다 하니라
잃은 양들을 되찾은 아버지의 기쁨
(살전 2:4) 오직 하나님께 옳게 여기심을 입어 복음을 위탁 받았으니 우리가 이와
같이 말함은 사람을 기쁘게 하려 함이 아니요 오직 우리 마음을 감찰
하시는 하나님을 기쁘시게 하려 함이라

3. 구원받지 못하여 지옥에 갈 불쌍한 많은 영혼을 구원하기 위함입니다.

전도란 불신자를 교회에 나오도록 하는 것에서 끝나는 것이 아니라, 불신자들의
영혼을 구원하는데 목적이 있습니다.

(마 13:42) 풀무 불에 던져 넣으리니 거기서 울며 이를 갈게 되리라
(눅 16:24) 불러 이르되 아버지 아브라함이여 나를 긍휼히 여기사 나사로를 보내
어 그 손가락 끝에 물을 찍어 내 혀를 서늘하게 하소서 내가 이 불꽃
가운데서 괴로워하나이다
(막 9:48) 거기에서는 구더기도 죽지 않고 불도 꺼지지 아니하느니라
(계 14:10) 그도 하나님의 진노의 포도주를 마시리니 그 진노의 잔에 섞인 것이
없이 부은 포도주라 거룩한 천사들 앞과 어린 양 앞에서 불과 유황으
로 고난을 받으리니
(계 20:14) 사망과 음부도 불못에 던져지니 이것은 둘째 사망 곧 불못이라

지옥은 얼마나 고통스러운 곳입니까! 그곳으로 가지 않도록 긍휼한 마음으로 불
신자들을 전도해야 합니다.

(3) 전도 훈련의 중요성

1. 예수님께서는 새벽 기도 때에도 전도를 위해 기도하셨고, 전도 훈련을 위해 제자들을 데리고 다니셨습니다.

(막 1:35-38) 새벽 아직도 밝기 전에 예수께서 일어나 나가 한적한 곳으로 가사 거기서 기도하시더니 시몬과 및 그와 함께 있는 자들이 예수의 뒤를 따라가 만나서 이르되 모든 사람이 주를 찾나이다 이르시되 우리가 다른 가까운 마을들로 가자 거기서도 전도하리니 내가 이를 하여 왔노라 하시고

예수님께서는 전도하시기 위해 새벽 미명부터 기도를 하셨습니다. 본문 뒷부분에 나와 있는 것처럼 새벽부터 기도하시고, 전도하기 위해 마을로 가셨습니다. 또한 제자들을 데리고 다니시며 전도 훈련을 시키셨습니다.

2. 예수님의 삶은 제자들을 전도자로 훈련시키는 일이었습니다.

예수님께서 공생애를 시작하시면서 제자들을 택하신 후 "나를 따라 오너라 내가 너희로 사람을 낚는 어부가 되게 하리라" 라고 말씀하시고 12명의 제자들에게 전도 훈련을 시키셨습니다. 또 예수님께서 "내가 전도하러 왔노라" 라고 말씀하시며 이 땅에서 3년 동안 공생애 대부분을 제자들을 전도자로 훈련시키시는 일을 하셨습니다.

(마 4:19) 말씀하시되 나를 따라오라 내가 너희를 사람을 낚는 어부가 되게 하리라 하시니

3. 전도를 하고자 하면 말씀과 현장 훈련을 받아야 합니다.

전도를 훈련 없이 나가는 것은 마치 군대에 각 입대한 신병이 총 쏘는 법을 모르고 전투 현장에 나가는 것과 같습니다.

전도는 설교 시간에 듣는 당부와 교육으로만 완성되지 않습니다. 전도는 예수님께서 제자들을 현장에서 훈련시키신 것처럼 현장 훈련을 통하여 완성됩니다.

1) 전도는 신병이 총 쏘는 훈련을 받아야 하고 초보 운전자가 운전 연수를 받아야 하는 것처럼, 직접 행동하는 것을 통해 사람들의 애환과 사랑 그리고 깊은 내면의 감정을 알 수 있어야 합니다. 그래야 불신자를 치료할 수 있고, 전도할 수 있습니다.

2) 행동이 반복되어서 누구를 만나든지 즉시 자연스럽게 전도 행동이 나올 수 있도록 생활속의 습관으로 만들어야 합니다.

4. 전도 훈련을 받으면 자유해질 수 있습니다.

1) 전도를 부끄럽고 창피하게 생각하는 마음에서 해방될 수 있습니다.

2) 나는 전도의 은사가 없고 전도할 만한 성격이 안 되기 때문에 전도를 못 한다는 부정적인 생각에서 해방될 수 있습니다.

3) 막상 전도하려 해도 구체적으로 어디서 어떻게 시작해야 할지 모르겠다는 생각에서 해방될 수 있습니다

우리를 얽매고 있던 것에서 해방될 때, 당신도 전도할 수 있습니다.

(4) 복음을 전하지 않으면

1. 화가 있다.

(고전 9:16) 내가 복음을 전할지라도 자랑할 것이 없음은 내가 부득불 할 일임이
라 만일 복음을 전하지 아니하면 내게 화가 있을 것이로다

(겔 33:7-8) 인자야 내가 너를 이스라엘 족속의 파수꾼으로 삼음이 이와 같으니라
그런즉 너는 내 입의 말을 듣고 나를 대신하여 그들에게 경고할지어
다 가령 내가 악인에게 이르기를 악인아 너는 반드시 죽으리라 하였
다 하자 네가 그 악인에게 말로 경고하여 그의 길에서 떠나게 하지 아
니하면 그 악인은 자기 죄악으로 말미암아 죽으려니와 내가 그의 피
를 네 손에서 찾으리라

위 말씀처럼 악인(불신자)을 만나서 전도하지 않으면 그 악인의 죗값을 우리가
져야 한다고 하십니다.

2. 열매가 없는 무화과나무처럼 버림받는다.

(눅 13:7) 포도원지기에게 이르되 내가 삼 년을 와서 이 무화과나무에서 열매를
구하되 얻지 못하니 찍어버리라 어찌 땅만 버리게 하겠느냐

과수원 주인이 열매 맺지 못하고 자리만 차지하는 무화과나무를 찍어 버리라 하
였듯이, 예수님을 믿는다고 하면서도 일 년에 한 명의 영혼도 구원하지 못한다면 과
실 없이 자리만 차지하고 있는 구경꾼 신자에 불과합니다.

3. 천국에서 부끄러움을 당한다.

(눅 9:26) 누구든지 나와 내 말을 부끄러워하면 인자도 자기와 아버지와 거룩한
천사들의 영광으로 올 때에 그 사람을 부끄러워하리라

그리스도인이 불신자 앞에서 예수 믿는 것을 숨기고 복음 전하는 것을 부끄러워
하면, 훗날 하늘나라 천사들 앞에서 부끄러움을 당하게 될 것이라고 하였습니다.

4. 예수님께서 등을 돌리신다.

(마 10:32-33) 누구든지 사람 앞에서 나를 시인하면 나도 하늘에 계신 내 아버지
앞에서 그를 시인할 것이요 누구든지 사람 앞에서 나를 부인하면
나도 하늘에 계신 내 아버지 앞에서 그를 부인하리라
(눅 12:9) 사람 앞에서 나를 부인하는 자는 하나님의 사자들 앞에서 부인을 당하
리라

여기서 "부인하다" 라는 말의 뜻은, 하나님이 없다고 부인하는 것이 아니라 사람들
앞에서 주를 예수 그리스도(구원자)라고 증거하지 아니하고 모른 체 한다는 뜻입니
다. 훗날 주님 앞에 섰을 때 주님 역시 그를 모른 체 하시겠다고 말씀하고 계십니다.

5. 죄의 대가를 받는다.

(고후 5:9-10) 그런즉 우리는 몸으로 있든지 떠나든지 주를 기쁘시게 하는 자가
되기를 힘쓰노라 이는 우리가 다 반드시 그리스도의 심판대 앞에 나타나게 되어 각
각 선악간에 그 몸으로 행한 것을 따라 받으려 함이라

전도하지 않는 교인은 누구든지 하나님과 사람 앞에 죄를 짓는 것입니다. 모든
사람들은 하나님의 심판대 앞에 서게 될 때에 각각 선악 간에 그 몸으로 행한 것을
따라 심판을 받게 됩니다.

1. 전도는 영적 성장을 가져옵니다.

(눅 9:1-2) 예수께서 열두 제자를 불러 모으사 모든 귀신을 제어하며 병을 고치는
능력과 권위를 주시고 하나님의 나라를 전파하며 앓는 자를 고치게 하
려고 내보내시며

전도는 영적인 성장을 가져옵니다. 예수님께서는 제자들을 불러 모으시고 그들
을 전도 여행 보내실 때 그들에게 그냥 가게 하지 않으시고 영적인 권세를 주셨습니
다. 그러므로 전도자들은 영적인 권세를 받은 줄 믿어야 할 것 입니다.

2. 전도는 축복과 상급을 받는 일입니다.

(막 10:29-30) 예수께서 이르시되 내가 진실로 너희에게 이르노니 나와 복음을 위
하여 집이나 형제나 자매나 어머니나 아버지나 자식이나 전토를 버
린 자는 현세에 있어 집과 형제와 자매와 어머니와 자식과 전토를
백 배나 받되 박해를 겸하여 받고 내세에 영생을 받지 못할 자가 없
느니라

(단 12:3) 지혜 있는 자는 궁창의 빛과 같이 빛날 것이요 많은 사람을 옳은 데로
돌아오게 한 자는 별과 같이 영원토록 빛나리라

(벧전 5:2-4) 너희 중에 있는 하나님의 양 무리를 치되 억지로 하지 말고 하나님의
뜻을 따라 자원함으로 하며 더러운 이득을 위하여 하지 말고 기꺼이
하며 맡은 자들에게 주장하는 자세를 하지 말고 양 무리의 본이 되라
그리하면 목자장이 나타나실 때에 시들지 아니하는 영광의 관을 얻
으리라

(약 1:22-25) 너희는 말씀을 행하는 자가 되고 듣기만 하여 자신을 속이는 자가 되
　　　　지 말라 누구든지 말씀을 듣고 행하지 아니하면 그는 거울로 자기의
　　　　생긴 얼굴을 보는 사람과 같아서 제 자신을 보고 가서 그 모습이 어
　　　　떠했는지를 곧 잊어버리거니와 자유롭게 하는 온전한 율법을 들여
　　　　다보고 있는 자는 듣고 잊어버리는 자가 아니요 실천하는 자니 이 사
　　　　람은 그 행하는 일에 복을 받으리라

3. 전도는 행한 대로 상이 있습니다.

(계 22:12) 보라 내가 속히 오리니 내가 줄 상이 내게 있어 각 사람에게 그가 행한
　　　　대로 갚아 주리라

4. 전도는 화를 면케 하십니다.

(고전 9:16) 내가 복음을 전할지라도 자랑할 것이 없음은 내가 부득불 할 일임이
　　　　라 만일 복음을 전하지 아니하면 내게 화가 있을 것이로다

5. 전도는 나를 지켜 주시며 건강을 주십니다.

(딤후 4:17) 주께서 내 곁에 서서 나에게 힘(강건케)을 주심은 나로 말미암아 선
　　　　포된 말씀이 온전히 전파되어 모든 이방인이 듣게 하려 하심이니 내
　　　　가 사자의 입에서 건짐을 받았느니라

(출 23:25) 네 하나님 여호와를 섬기라 그리하면 여호와가 너희의 양식과 물에 복
　　　　을 내리고 너희 중에서 병을 제하리니

나를 강건케 하셔서 전도하게 하시며 어떤 어려움이나 환경 속에서도 우리를 도
와주신다는 말씀입니다. 그러므로 육신의 병마로 고통당하는 분은 전도하십시오.
하나님께서 전도자로 쓰시기 위해서 건강을 주실 것입니다.

6. 복음의 빛을 발하는 자에게는 사람과 재물을 보내 주십니다.

(사 60:1-5) 일어나라 빛을 발하라 이는 네 빛이 이르렀고 여호와의 영광이 네 위에 임하였음이니라 보라 어둠이 땅을 덮을 것이며 캄캄함이 만민을 가리려니와 오직 여호와께서 네 위에 임하실 것이며 그의 영광이 네 위에 나타나리니 나라들은 네 빛으로, 왕들은 비치는 네 광명으로 나아오리라 네 눈을 들어 사방을 보라 무리가 다 모여 네게로 오느니라 네 아들들은 먼 곳에서 오겠고 네 딸들은 안기어 올 것이라 그때에 네가 보고 기쁜 빛을 내며 네 마음이 놀라고 또 화창하리니 이는 <u>바다의 부가 네게로 돌아오며 이방 나라들의 재물이 네게로 옴이라</u>

(6) 복음을 전하는 사람들에게 따르는 표적

1. 귀신을 쫓아내는 권세를 주십니다.

(막 6:7) 열두 제자를 부르사 둘씩 둘씩 보내시며 더러운 귀신을 제어하는 권능을 주시고

(막 16:15-20) 또 이르시되 너희는 온 천하에 다니며 만민에게 복음을 전파하라 믿고 세례를 받는 사람은 구원을 얻을 것이요 믿지 않는 사람은 정죄를 받으리라 믿는 자들에게는 이런 표적이 따르리니 곧 그들이 내 이름으로 귀신을 쫓아내며 새 방언을 말하며 뱀을 집어올리며 무슨 독을 마실지라도 해를 받지 아니하며 병든 사람에게 손을 얹은즉 나으리라 하시더라 주 예수님께서 말씀을 마치신 후에 하늘로 올려지사 하나님 우편에 앉으시니라 제자들이 나가 두루 전파할새 주께서 함께 역사하사 그 따르는 표적으로 말씀을 확실히 증언하시니라

(눅 10:17) 칠십 인이 기뻐하며 돌아와 이르되 주여 주의 이름이면 귀신들도 우리에게 항복하더이다

(눅 9:1-2) 예수께서 열두 제자를 불러 모으사 모든 귀신을 제어하며 병을 고치는 능력과 권위를 주시고 하나님의 나라를 전파하며 앓는 자를 고치게 하려고 내보내시며

(막 3:13-15) 또 산에 오르사 자기가 원하는 자들을 부르시니 나아온지라 이에 열둘을 세우셨으니 이는 자기와 함께 있게 하시고 또 보내사 전도도 하며 귀신을 내쫓는 권능도 가지게 하려 하심이러라

예수의 제자요, 복음 전도자로 부름 받은 성도들에게 주어질 권능과 보호의 약

속들이 열거 되어 있습니다.

2. 새 방언을 하게 하시며 안수의 능력을 주십니다.

(막 16:15-20) 또 이르시되 너희는 온 천하에 다니며 만민에게 복음을 전파하라 믿고 세례를 받는 사람은 구원을 얻을 것이요 믿지 않는 사람은 정죄를 받으리라 믿는 자들에게는 이런 표적이 따르리니 곧 그들이 내 이름으로 귀신을 쫓아내며 새 방언을 말하며 뱀을 집어올리며 무슨 독을 마실지라도 해를 받지 아니하며 병든 사람에게 손을 얹은즉 나으리라 하시더라 주 예수님께서 말씀을 마치신 후에 하늘로 올려지사 하나님 우편에 앉으시니라 제자들이 나가 두루 전파할새 주께서 함께 역사하사 그 따르는 표적으로 말씀을 확실히 증언하시니라

위의 말씀과 같이 전도하는 사람은 새 방언으로 말할 수 있게 됩니다. 여기서 "새"라는 말의 헬라어는 "카이노"로 이것은 질적 변화를 의미합니다. 곧 "구원의 복음"을 전하는 말입니다. 일반적인 세상의 언어지만 그 언어의 질이 전혀 새로운 내용을 담고 있는 것을 뜻합니다.

3. 뱀을 집어도, 뱀에 물려도, 독을 마셔도 해를 받지 않는다고 말씀하십니다.

(행 28:3-6) 바울이 나무 한 묶음을 거두어 불에 넣으니 뜨거움으로 말미암아 독사가 나와 그 손을 물고 있는지라 원주민들이 이 짐승이 그 손에 매달려 있음을 보고 서로 말하되 진실로 이 사람은 살인한 자로다 바다에서는 구조를 받았으나 공의가 그를 살지 못하게 함이로다 하더니 바울이 그 짐승을 불에 떨어 버리매 조금도 상함이 없더라 그들은 그가

붓든지 혹은 갑자기 쓰러져 죽을 줄로 기다렸다가 오래 기다려도 그
에게 아무 이상이 없음을 보고 돌이켜 생각하여 말하되 그를 신이라
하더라

(막 16:15-20) 또 이르시되 너희는 온 천하에 다니며 만민에게 복음을 전파하라
믿고 세례를 받는 사람은 구원을 얻을 것이요 믿지 않는 사람은 정
죄를 받으리라 믿는 자들에게는 이런 표적이 따르리니 곧 그들이
내 이름으로 귀신을 쫓아내며 새 방언을 말하며 뱀을 집어올리며
무슨 독을 마실지라도 해를 받지 아니하며 병든 사람에게 손을 얹
은즉 나으리라 하시더라 주 예수께서 말씀을 마치신 후에 하늘로
올려지사 하나님 우편에 앉으시니라 제자들이 나가 두루 전파할새
주께서 함께 역사하사 그 따르는 표적으로 말씀을 확실히 증언하
시니라

위(막 16:15-20)에서 말씀하시길 믿는 자들은 뱀을 집는다고 하였습니다. 또 행
28:3-6에서는 바울이 독사에 물렸어도 해를 받지 않았음을 말해 주고 있습니다. 다
시 말하자면, 영적 의미로 신자는 악의 세력을 지배하게 될 것이라는 것을 말해 주
고 있으며, 전도자로서 많은 핍박을 받을 것이나 어떠한 핍박에서도 해를 받지 않는
다고 말씀하고 계십니다.

4. 병 고침의 능력을 주십니다.

(눅 9:1-2) 예수께서 열두 제자를 불러 모으사 모든 귀신을 제어하며 병을 고치는
능력과 권위를 주시고 하나님의 나라를 전파하며 앓는 자를 고치게 하
려고 내보내시며

(눅 9:6) 제자들이 나가 각 마을에 두루 다니며 곳곳에 복음을 전하며 병을 고치
더라

　위 말씀에서 전도자들에게 병 고치는 능력을 주신 것을 알 수 있습니다. 지금 병마에 시달리는 분들은 전도를 하십시오. 전도자에게 병 고침의 능력을 주셨는데 본인의 병인들 낫게 하시지 않겠습니까.

　　　(딤후 4:17) 주께서 내 곁에 서서 나에게 힘(강건케)을 주심은 나로 말미암아 선
　　　　　　　포된 말씀이 온전히 전파되어 모든 이방인이 듣게 하려 하심이니 내
　　　　　　　가 사자의 입에서 건짐을 받았느니라

　전도자의 삶을 살겠다고 결단할 때 주님께서는 나를 전도자로 쓰시기 위해 건강을 주실 것입니다.

(7) 전도하지 못하는 이유

1. 하나님께서 살아 계시며 지금도 역사 하신다는 확신이 없기 때문입니다.

(롬 1:19-20) 이는 하나님을 알 만한 것이 그들 속에 보임이라 하나님께서 이를 그들에게 보이셨느니라 창세로부터 그의 보이지 아니하는 것들 곧 그의 영원하신 능력과 신성이 그가 만드신 만물에 분명히 보여 알려졌나니 그러므로 그들이 핑계하지 못할지니라

아마 우리가 하나님을 직접 눈으로 보았다면 우리는 불못 구덩이라도 들어갔을 것입니다. 하나님께서는 사람들에게 하나님을 알 수 있게 하셨으므로 사람들 속에 하나님을 알 수 있는 것이 있다고 하셨고 또 만물을 만드신 것으로도 하나님의 살아 계심을 사람들은 핑계치 못한다고 말씀하고 계십니다. 그러나 사람들은 살아 계신 하나님의(영원하신 능력과 신성) 확신을 갖지 못하기에 아직도 전도를 하지 못하고 있습니다.

※ 하나님과 사랑의 고백과 만남이 있어야 성령의 강력한 인도를 받을 수 있습니다.

2. 천국과 부활에 대한 확신이 없기 때문입니다.

(요 11:25-26) 예수께서 이르시되 나는 부활이요 생명이니 나를 믿는 자는 죽어도 살겠고 무릇 살아서 나를 믿는 자는 영원히 죽지 아니하리니 이것을 네가 믿느냐

3. 구원에 대한 확신이 없기 때문입니다.

(엡 2:8) 너희는 그 은혜에 의하여 믿음으로 말미암아 구원을 받았으니 이것은 너희에게서 난 것이 아니요 하나님의 선물이라

4. 한 영혼을 진심으로 사랑하는 마음이 없기 때문입니다.

(약 5:19-20) 내 형제들아 너희 중에 미혹되어 진리를 떠난 자를 누가 돌아서게 하면 너희가 알 것은 죄인을 미혹된 길에서 돌아서게 하는 자가 그의 영혼을 사망에서 구원할 것이며 허다한 죄를 덮을 것임이라

어떤 사람이 진리에서 떠나 헤매고 있을 때 누군가가 그를 잘못된 길에서 다시 돌아서게 했다면 그는 죄인의 영혼을 사망에서 구원한 것이라고 말씀하고 계십니다. 이와 같이 진정으로 영혼이 구원받지(지옥 가는 것) 못하는 것을 안타까워하는 마음이 있어야 합니다.

※ 마음에 미움이 있으면 전도문이 막힙니다.

5. 지옥의 고통을 모르기 때문입니다.

(눅 16:27-28) 이르되 그러면 아버지여 구하노니 나사로를 내 아버지의 집에 보내소서 내 형제 다섯이 있으니 그들에게 증언하게 하여 그들로 <u>이 고통 받는 곳</u>에 오지 않게 하소서

6. 소심하고 부끄러워하기 때문입니다.

(롬 1:16) 내가 복음을 부끄러워하지 아니하노니 이 복음은 모든 믿는 자에게 구원을 주시는 <u>하나님의 능력</u>이 됨이라 먼저는 유대인에게요 그리고 헬라인에게로다

바울은 나는 복음을 부끄러워하지 않는다고 말하고 있습니다. 왜냐하면 유대인에서 시작하여 이방인들에 이르기까지 모든 사람을 구원에 이르게 하는 것이 하나님의 능력이라는 것을 그는 알고 있었기 때문입니다. <u>여러분도 자신을 부끄러워 해 본 적 있으신가요?</u>

7. 전도는 은사자들만 하는 것이라 알고 있기 때문입니다.

(행 1:8) 오직 성령이 너희에게 임하시면 너희가 권능을 받고 예루살렘과 온 유대와 사마리아와 땅 끝까지 이르러 내 증인이 되리라 하시니라

(마 28:19-20) 그러므로 너희는 가서 <u>모든 민족을 제자로 삼아</u> 아버지와 아들과 성령의 이름으로 세례를 베풀고 내가 너희에게 분부한 모든 것을 <u>가르쳐 지키게 하라</u> 볼지어다 내가 세상 끝날까지 너희와 항상 함께 있으리라 하시니라

위에서 "모든 민족을 제자로 삼아 가르쳐 지키게 하라."라고 말씀하신 것과 같이 모든 사람들에게 하나님을 믿게 하고, 제자 삼고, 증인이(예수를 전하는 전도) 되라고 하신 것은 예수를 믿는 모든 사람들은 전도해야 함을 알 수 있습니다.

더 정확히 말하자면, 전도는 은사자만 하는 것이 아니라 예수 믿는 사람이라면 모두 전도를 해야 한다는 말이기도 합니다.

(고전 2:4-5) 내 말과 내 전도함이 설득력 있는 지혜의 말로 하지 아니하고 다만 <u>성령의 나타나심과 능력으로</u> 하여 너희 믿음이 사람의 지혜에 있지 아니하고 다만 하나님의 능력에 있게 하려 하였노라

위의 말씀처럼 전도는 우리의 지혜와 능력으로 전도하는 것이 아니라 하나님의 능력으로 하는 것이라 말씀하고 계십니다. 그러므로 전도는 은사자나 우리가 하는 것이 아니라 성령 하나님께서 하시므로 우리는 나가서 전하기만 하면 됩니다.

(딛 1:2-3) 영생의 소망을 위함이라 이 영생은 거짓이 없으신 하나님이 영원 전부터 약속하신 것인데 자기 때에 자기의 말씀을 전도로 나타내셨으니 이 전도는 우리 구주 하나님이 명하신 대로 <u>내게 맡기신 것이라</u>

전도는 은사자에게 맡기신 것이 아니라 내게 맡기신 것을 알아야 합니다.

8. 사단과 마귀가 사람을 속이고 있기 때문입니다.

(마 16:23) 예수께서 돌이키시며 베드로에게 이르시되 사탄아 내 뒤로 물러가라 너는 나를 넘어지게 하는 자로다 네가 하나님의 일을 생각하지 아니하고 도리어 사람의 일을 생각하는도다 하시고

예수님께서는 위의 말씀대로 명하시고 제자들에게 이르시기를 누구든지 나를 따라오려거든 자기를 부인하고 자기 십자가를 지고 따라오라고 말씀하고 계십니다. 이와 같이 사단은 베드로를 이용하여 예수님의 십자가에 대속의 사명을 수행하지 못하게 방해하였습니다.

(막 9:28-29) 집에 들어가시매 제자들이 조용히 묻자오되 우리는 어찌하여 능히 그 귀신을 쫓아내지 못하였나이까 이르시되 기도 외에 다른 것으로는 이런 종류가 나갈 수 없느니라 하시니라

여기서 보면, 기도하지 않고는 귀신을 쫓아내지 못한다고 말씀하십니다. 우리가 전도하기 위해서는 기도로 우리를 속이는 사탄이나 귀신들을 쫓아내야 할 것입니다.

9. 미리 겁을 먹기 때문입니다.

(수 1:9) 내가 네게 명령한 것이 아니냐 강하고 담대하라 두려워하지 말며 놀라지 말라 네가 어디로 가든지 네 하나님 여호와가 너와 함께 하느니라 하시니라

주님의 일을 행할 때 주님께서 함께 하신다고 말씀하셨습니다. 여러분, 전도를 두려워하지 마십시오.

10. 전도자에게 주시는 주님의 놀라운 비밀을 모르기 때문입니다.

5번에서 말하는 <u>지옥에서의 구원의 비밀</u>, 6번에서 말하는 <u>하나님의 능력의 비밀.</u>

11. 말씀을 전할 때 성경 지식에 막혀 창피당할까 하는 두려움 때문입니다.

(딤후 2:15) 너는 진리의 말씀을 옳게 분별하며 <u>부끄러울 것이 없는 일꾼으로 인</u>정된 자로 자신을 하나님 앞에 드리기를 힘쓰라

하나님의 말씀을 잘 배워서 부끄럽지 않은 일꾼이 되라고 말씀하십니다.

12. 전도를 자신이 남는 시간에 하려 하기 때문입니다.

(행 5:42) 그들이 날마다 <u>성전에 있든지 집에 있든지</u> 예수는 그리스도라고 가르치기와 전도하기를 그치지 아니하니라

13. 나 하나쯤 전도 안 해도 괜찮다고 생각하기 때문입니다.

(딛 1:2-3) 영생의 소망을 위함이라 이 영생은 거짓이 없으신 하나님이 영원 전부터 약속하신 것인데 자기 때에 자기의 말씀을 전도로 나타내셨으니 이 전도는 우리 구주 하나님이 명하신 대로 <u>내게 맡기신 것이라</u>

나 하나쯤 전도 안 해도 된다는 생각이 아니라 "<u>내게 맡기신 것이라.</u>"라는 말씀처럼 전도는 우리 모두가 해야 합니다.

14. 훈련을 받지 않고 사람의 지식으로만 전도하려 하기 때문입니다.

15. 몇 번 전도해도 실적이 없기 때문입니다.

(8) 전도를 잘하려면

1. 성령 충만을 받아야 합니다.

(행 1:8) 오직 성령이 너희에게 임하시면 너희가 권능을 받고 예루살렘과 온 유대와 사마리아와 땅 끝까지 이르러 내 증인이 되리라 하시니라

성령이 임하면 권능을 받고 내 증인이 될 것이라 말씀하고 계십니다. 그러므로 증인(전도자)은 성령 충만을 받아야 할 것입니다.

(고전 2:4-5) 내 말과 내 전도함이 설득력 있는 지혜의 말로 하지 아니하고 다만 성령의 나타나심과 능력으로 하여 너희 믿음이 사람의 지혜에있지 아니하고 다만 하나님의 능력에 있게 하려 하였노라

전도는 나의 지식과 나의 능력으로 하는 것이 아니라 성령 충만을 받아 주님의 능력으로 한다는 것을 알아야 합니다. 다시 말하자면, 전도를 잘하기 위해서는 성령 충만을 받아야 합니다.

(눅 4:18-19) 주의 성령이 내게 임하셨으니 이는 가난한 자에게 복음을 전하게 하시려고 내게 기름을 부으시고 나를 보내사 포로된 자에게 자유를, 눈 먼 자에게 다시 보게 함을 전파하며 눌린 자를 자유롭게 하고 주의 은혜의 해를 전파하게 하려 하심이라 하였더라

위 말씀에서 보듯이 가난한 자에게 복음을 전하게 하시려고 성령이 내게 임하였음을 알 수 있습니다. 결론적으로 전도는 성령의 능력으로 하며 성령과 동행하는 것임을 알 수 있습니다.

2. 기도해야 합니다.

(마 21:22) 너희가 기도할 때에 무엇이든지 믿고 구하는 것은 다 받으리라 하시니
라

(막 11:24) 그러므로 내가 너희에게 말하노니 무엇이든지 기도하고 구하는 것은
받은 줄로 믿으라 그리하면 너희에게 그대로 되리라

(행 4:29-30) 주여 이제도 그들의 위협함을 굽어보시옵고 또 종들로 하여금 담대
히 하나님의 말씀을 전하게 하여 주시오며 손을 내밀어 병을 낫게
하시옵고 표적과 기사가 거룩한 종 예수의 이름으로 이루어지게 하
옵소서 하더라

전도는 기도로 시작합니다. 전도는 기도보다 앞서 나가서는 안 됩니다. 기도는
하나님과 영적인 대화를 나누는 것으로 전도인은 전도하러 나가기 전에 예비된 영
혼을 만나게 해 달라고, 복음을 듣기에 좋은 상황이 되어 달라고 기도하여야 합니
다. 전도인의 간절한 기도는 그들의 마음을 감동시키는 성령의 역사들이 나타나기
시작하는 것이기 때문입니다.

무엇을 기도할 것인가.

1) 성령 충만을 위하여 기도합니다.

(행 4:31) 빌기를 다하매 모인 곳이 진동하더니 무리가 다 성령이 충만하여 담대
히 하나님의 말씀을 전하니라

=> 초대 교인들은 마가의 다락방에서 간절히 기도함으로써 성령 충만을 받고 전
도의 권능을 얻게 되므로 유능한 전도인이 될 수 있었습니다.

2) 맡겨진 전도 대상자를 위해 호명 기도합니다.

(빌 1:4) 간구할 때마다 너희 무리를 위하여 기쁨으로 항상 간구함은

=> 자신의 기도보다 남을 위한 중보의 기도자가 되어야 합니다. 그러기 위해서

기도할 때마다 전도 대상자 모두의 이름을 하나하나 부르며 구체적으로 그들을 위해 하나님께 기도해야 합니다.

3) 사단의 방해를 물리칠 수 있도록 기도합니다.

(살후 3:3) 주는 미쁘사 너희를 굳건하게 하시고 악한 자에게서 지키시리라

=〉악한 사단들은 복음이 전파되는 것을 싫어합니다. 전도는 악한 영들과 싸워서 불신자들을 주님께로 인도하는 영적 싸움입니다.

4) 전도하기에 합당한 환경이 되어 달라고 기도합니다.

(골 4:3) 또한 우리를 위하여 기도하되 하나님이 전도할 문을 우리에게 열어주사 그리스도의 비밀을 말하게 하시기를 구하라 내가 이 일 때문에 매임을 당하였노라

=〉전도하는 동안 가정의 평안함을 위하여 기도하며 주변 환경이 전도하기에 합당한 형편이 되어 달라고 기도합니다.

5) '불신자를 사랑하는 마음으로 전도하게 하옵소서' 라고 기도합니다.

=〉자신의 기도보다 남을 위한 중보의 기도자가 되어야 합니다. 그러기 위해서 새벽마다 전도 대상자 모두의 이름을 하나하나 부르며 구체적으로 그들을 위해 하나님께 기도해 봅시다.

3. 말씀이 훈련돼야 합니다.

(요 6:63) 살리는 것은 영이니 육은 무익하니라 내가 너희에게 이른 말은 영이요 생명이니라

(요 20:31) 오직 이것을 기록함은 너희로 예수께서 하나님의 아들 그리스도이심을 믿게 하려 함이요 또 너희로 믿고 그 이름을 힘입어 생명을 얻게 하려 함이니라

(딤후 3:15-17) 또 어려서부터 성경을 알았나니 성경은 능히 너로 하여금 그리스도 예수 안에 있는 믿음으로 말미암아 구원에 이르는 지혜가 있게

하느니라 모든 성경은 하나님의 감동으로 된 것으로 교훈과 책망
과 바르게 함과 의로 교육하기에 유익하니 이는 하나님의 사람으
로 온전하게 하며 모든 선한 일을 행할 능력을 갖추게 하려 함이
라

(벧전 3:15) 너희 마음에 그리스도를 주로 삼아 거룩하게 하고 너희 속에 있는 소
망에 관한 이유를 묻는 자에게는 대답할 것을 항상 준비하되 온유와
두려움으로 하고

위 말씀처럼 말씀은 영이요, 생명이기 때문에 말씀이 훈련되어져 전도하면 죽어
가는 불신자들을 살릴 수 있습니다.

또한 전도인은 복음을 구체적으로 전할 줄 알아야 합니다. 묻는 말에 답할 줄 알
아야 하고 양육까지 책임져야 하므로 교육을 받고 말씀과 기도로 무장해야 합니다.

(히 4:12-13) 하나님의 말씀은 살아 있고 활력이 있어 좌우에 날선 어떤 검보다도
예리하여 혼과 영과 및 관절과 골수를 찔러 쪼개기까지 하며 또 마
음의 생각과 뜻을 판단하나니 지으신 것이 하나도 그 앞에 나타나지
않음이 없고 우리의 결산을 받으실 이의 눈앞에 만물이 벌거벗은 것
같이 드러나느니라

(시 19:7-10) 여호와의 율법은 완전하여 영혼을 소성시키며 여호와의 증거는 확
실하여 우둔한 자를 지혜롭게 하며 여호와의 교훈은 정직하여 마음
을 기쁘게 하고 여호와의 계명은 순결하여 눈을 밝게 하시도다 여호
와를 경외하는 도는 정결하여 영원까지 이르고 여호와의 법도 진실
하여 다 의로우니 금 곧 많은 순금보다 더 사모할 것이며 꿀과 송이
꿀보다 더 달도다

말씀은 그 자체가 능력입니다.

4. 사단의 궤계를 알아야 합니다.

5. 말씀으로 전신갑주를 입어야 합니다.

6. 인격이 갖추어지고 남들의 눈에 신실한 그리스도의 삶으로 비춰져야 합니다.

7. 전도를 직접 행하여 실습으로 익혀야 합니다.

처음엔 전도자를 따라다니기만 하여도 됩니다. 그러다 보면 옆에서 거들게 되고, 나중에는 혼자서도 복음을 전할 수 있게 됩니다.

예수님도 12제자들을, 또 70인을 둘씩 짝을 지어 방문 전도 실습을 시키셨습니다. 전도에 자신이 없으신 분들은 전도자를 따라다녀 보세요. 당신도 전도자가 될 수 있습니다.

8. 동기를 내려놓아야 합니다.

우리 교회로 데리고 온다는 식의 전도 목적을 내려놓아야 합니다. 오로지 한 영혼을 구원한다는 소명을 가져야 하며 주님의 지상 명령에 복종한다고 생각해야 합니다.

9. 관계를 강화해야 합니다.

전도 대상자를 찾기 위해 많은 사람들과 사귀어야 합니다. 이웃과 어떻게 친해질 수 있는지 도와달라고 하나님께 구하십시오. 그들의 이름을 알아 두어 실수하지 않도록 하며, 웃는 얼굴로 친절하게 대합니다. 또한 상대편의 말을 잘 들어 주어 그들이 마음을 잘 열 수 있도록 도와줍니다.

10. 핍박을 넘어서야 합니다.

　몇 번 좋은 인상으로 만났던 불신자들도 부담이 된다며 오지 말라고 신경질을 내는 불신자도 있습니다. 그러나 이것은 사탄의 계략입니다.(속마음은 그렇지 않습니다) 그렇기 때문에 우리는 그럼에도 불구하고 죄송하다고 말하고는 다음에 또 찾아가야 됩니다. 이 단계를 넘겨야 전도의 문이 열리고, 전도를 할 수 있습니다.

11. 목표를 세워야 합니다.

일 년 목표나 월별 또는 그 주에 전도할 목표를 세우고 기도합니다.

12. 내적 치유가 있어야 합니다.(상처를 회복해야 한다)

상처는 약점을 타고 들어오기 때문입니다.

(9) 전도자의 자세

1. 그리스도가 내 삶의 중심이 되어야 합니다.

우리의 모든 것을 주님 앞에 내려놓고, 주님의 동행하심을 믿어야 합니다. 그러기 위해서 항상 우리는 주님과 같이 생활해야 합니다.

1) 공 예배에 모두 참석해야 합니다.

2) 항상 기도를 생활화해야 합니다.

3) 교회 활동에 적극 참여해야 합니다.

4) 항상 말씀을 듣고 읽고 묵상해야 합니다.

2. 한 영혼을 긍휼히 여기는(사랑하는) 마음을 가져야 합니다.

주님이 우리를 조건 없이 사랑하셨듯이 우리도 전도 대상자에게 <u>무조건적인 사랑을 베푸는 것이 전도의 시작</u>이며 전도의 지름길입니다. 전도 대상자에게 사랑을 실천하는 수고도 없이 결과만을 요구하는 것은 씨앗을 심는 수고도 없이 추수의 열매를 기다리는 농부와 같습니다. 아직도 교회 나오기를 거부하고 있는 불신자들은 자기 나름대로 교회와 기독 신앙에 대하여 편견과 좋지 않은 선입관을 갖고 있는 것입니다. 그들에게 예수를 믿으라고 무조건적으로 요구하는 전도 방법은 단세포적인 방법으로 가장 성공할 확률이 적은 전도 방법입니다.

오해와 불신의 마음을 갖고 있는 사람들에게 최상의 전도 방법은 생활 속에서 사랑을 베풀고 그들의 오해를 풀어 주면서 전도하는 것입니다.

사람들에게 세 가지 간절한 욕구가 있는데 첫째는 사랑받고 싶은 마음이며 둘째는 인정받고 싶은 마음이고 셋째는 칭찬받고 싶어 하는 마음입니다. 세 가지 중 가장 큰 욕구는 사랑받고 싶은 마음입니다. 그러므로 전도 대상자에게 사랑을 베풀 때에 그들은 쉽게 마음의 문을 열게 되는 것입니다.

(요 13:34-35) 새 계명을 너희에게 주노니 서로 사랑하라 내가 너희를 사랑한 것
같이 너희도 서로 사랑하라 너희가 서로 사랑하면 이로써 모든 사
람이 너희가 내 제자인 줄 알리라
(벧전 4:8) 무엇보다도 뜨겁게 서로 사랑할지니 사랑은 허다한 죄를 덮느니라
(마 22:37-39) 예수께서 이르시되 네 마음을 다하고 목숨을 다하고 뜻을 다하여 주
너의 하나님을 사랑하라 하셨으니 이것이 크고 첫째 되는 계명이요
둘째도 그와 같으니 네 이웃을 네 자신 같이 사랑하라 하셨으니
(눅 15:4) 너희 중에 어떤 사람이 양 백 마리가 있는데 그 중의 하나를 잃으면 아
흔아홉 마리를 들에 두고 그 잃은 것을 찾아내기까지 찾아다니지 아니
하겠느냐

사랑하는 성도 여러분! 전도의 최고 무기는 사랑입니다. 사랑 없이는 전도할 수 없습니다. 사단을 이길 수 있는 무기도 사랑입니다. 그러기에 예수님께서는 첫째 계명도 사랑이요, 둘째 계명도 사랑이라 말씀하셨던 것입니다.

3. 구원의 확신이 있어야 합니다.

전도자는 예수 그리스도를 영접하여 주님이 항상 내 안에 계시다는 것을 믿고 자신이 구원받았다는 구원의 확신이 있어야 합니다. 구원의 확신이 클수록 전도의 열정도 큽니다. 음식도 먹어 본 사람이 다른 사람에게 맛있다고 자신 있게 권할 수 있듯이 전도인도 자신이 먼저 구원받은 것에 대한 확신이 있어야 다른 사람을 전도할 수 있습니다.

예수님께서는 우리들을 구원하시기 위하여 십자가에서 죽으시고 사흘 만에 부활 승천하시면서 천국에 우리를 위하여 좋은 처소를 준비해 놓으셨습니다. 우리는 주님을 영접하고 믿음으로(구원을 받았으니) 천국에서 영생의 복락을 누릴 수 있다는 구원의 확신이 있어야 합니다.

(고후 13:5) 너희는 믿음 안에 있는가 너희 자신을 시험하고 너희 자신을 확증하
라 예수 그리스도께서 너희 안에 계신 줄을 너희가 스스로 알지 못하
느냐 그렇지 않으면 너희는 버림받은 자니라

4. 나의 생활 자체가 남들에게 본이 되어야 합니다.
십자가의 향기, 예수의 향기를 풍길 수 있는 삶을 살아야 합니다.

5. 인격을 갖춰야 합니다.(온유와 겸손)
1) 항상 긍정적으로 대화하고 (겸손한 말과 태도)
2) 항상 긍정적으로 보아야 하고 (긍정적인 생각과 자세)
3) 항상 긍정적인 마음을 가져야 합니다. (영혼을 사랑하는 마음)

6. 항상 기도하는 자가 되어야 합니다.
(막 9:28-29) 집에 들어가시매 제자들이 조용히 묻자오되 우리는 어찌하여 능히
그 귀신을 쫓아내지 못하였나이까 이르시되 기도 외에 다른 것으로
는 이런 종류가 나갈 수 없느니라 하시니라.

전도는 무엇보다도 중요한 것이 성령의 도우심을 구하는 것입니다. 용기와 지혜
를 얻기 위해서나, 마귀의 방해를 막기 위해서도 항상 기도하는 사람이 되어야 할
것입니다.

1) 한 영혼을 간절히 사랑하는 마음으로 기도해야 합니다.
2) 전도 대상자를 놓고 정기적(구체적)으로 기도해야 합니다.
3) 중보 기도자가 되어야 합니다.

7. 관계 회복이 되어야 합니다.

강아지는 길을 갈 때 다른 강아지를 만나면 그냥 지나치는 적이 없습니다. 최소한 냄새라도 맡습니다. 또한 장독대의 항아리에 뚜껑이 열려 있어야 빗물을 받을 수 있습니다. 뚜껑이 닫혀 있으면 절대 빗물을 담을 수 없습니다. 가정도 부모와 자식 간에 대화가 이루어지고, 남편과의 모든 관계 회복이 이루어질 때 행복한 가정이 이루어지지 않겠습니까!

8. 말씀으로 무장해야 합니다.

"예수 믿으세요." "교회 나와 보세요." 이것을 초보적인 전도 방법이라 본다면 전도인은 복음을 구체적으로 전할 줄 알아야 합니다. 묻는 말에 답할 줄 알아야 하고 양육까지 책임질 수 있도록 교육을 받고 말씀과 기도로 무장해야 합니다.

> (벧전 3:15) 너희 마음에 그리스도를 주로 삼아 거룩하게 하고 너희 속에 있는 소망에 관한 이유를 묻는 자에게는 대답할 것을 항상 준비하되 온유와 두려움으로 하고

9. 인내해야 합니다.

> (히 12:1-2) 이러므로 우리에게 구름 같이 둘러싼 허다한 증인들이 있으니 모든 무거운 것과 얽매이기 쉬운 죄를 벗어 버리고 인내로써 우리 앞에 당한 경주를 하며 믿음의 주요 또 온전하게 하시는 이인 예수를 바라보자 그는 그 앞에 있는 기쁨을 위하여 십자가를 참으사 부끄러움을 개의치 아니하시더니 하나님 보좌 우편에 앉으셨느니라

위 말씀처럼 우리에겐 많은 믿음의 증인들이 있습니다. 그들의 삶은 우리에게 믿음이 무엇인지 말해 주고 있습니다. 또 예수님께서는 하나님께서 예비해 두신 기쁨

을 기대하셨기 때문에 부끄러움을 참아 내셨다고 말씀하십니다.

이제 우리도 천국 소망을 가지고 포기하지 말고 끝까지 경주해야 합니다.

10. 복음을 부끄러워하지 말아야 합니다.

(롬 1:16-17) 내가 복음을 부끄러워하지 아니하노니 이 복음은 모든 믿는 자에게 구원을 주시는 하나님의 능력이 됨이라 먼저는 유대인에게요 그리고 헬라인에게로다 복음에는 하나님의 의가 나타나서 믿음으로 믿음에 이르게 하나니 기록된 바 오직 의인은 믿음으로 말미암아 살리라 함과 같으니라

복음은 모든 믿는 사람을 구원에 이르게 하는 하나님의 능력이라 하셨습니다. 우리는 이 능력을 믿을 때 부끄러워해야 할 이유가 하나도 없습니다.

11. 희생을 감수해야 합니다.

(살전 2:8) 우리가 이같이 너희를 사모하여 하나님의 복음뿐 아니라 우리의 목숨까지도 너희에게 주기를 기뻐함은 너희가 우리의 사랑하는 자 됨이라

많은 성도들이 전도를 시작하고 얼마 후 포기하는 이유는, 자기희생이라는 대가를 치르지 않고 적당히 해 보다가 힘들면 그만두겠다는 아마추어적인 마음으로 전도하기 때문입니다. 전도는 편하게 적당히 해 보다가 힘들면 그만두는 취미가 아닙니다.

전도는 영이신 하나님의 영혼을 살리는 구원의 계획이시므로 최선을 다 해야 할 것이며, 하나님께서는 자신이 희생하고 수고한 만큼 열매를 거두게 하신다는 사실도 알아야 할 것입니다. 그래서 진정한 전도자가 되려면 자신의 희생을 각오하여야 합니다.

12. 적극적인 생각과 행동을 가져야 합니다.

걸을 수 없는 휠체어에 앉아 있던 아버지는 아들이 물에 빠져 허우적거리는 것을 보곤 휠체어에서 벌떡 일어나 쏜살같이 물속으로 뛰어가 아들을 구했다고 합니다. 그 일로 아버지는 자기도 남들 같이 걸을 수 있다는 자신감을 갖게 되었고 그 후로 혼자 걸어다닐 수 있었다고 합니다.

13. 쉬지 말고 찾아가야 합니다.

(행 5:42) 그들이 날마다 성전에 있든지 집에 있든지 예수는 그리스도라 가르치기와 전도하기를 그치지 아니하니라

전도자는 항상 만나는 모든 사람을 전도 대상자로 보고 기회만 오면 전도하는 것을 멈추지 말아야 합니다. 전도는 사망에 길에 들어서 있는 사람에게 생명의 길을 알려 주는 것으로 시간을 다투는 다급한 일이며, 때를 만나든지 못 만나든지 쉬지 말고 전도해야 합니다. 전도인은 땅 끝까지라도 불신자를 찾아가야 합니다.

※ 그러므로 병원에서 죽어가는 사람들에게 복음을 전하는 것이 중요합니다. 내 교회 네 교회를 구분 짓지 말고, 병원 전도를 하십시오.

14. 성령 충만해야 합니다.

보석 반지를 끼고 있으면 자랑하고 싶어 안달이 나듯, 성령 충만인 사람은 예수 그리스도의 비밀을 말하고 싶어서 견딜 수 없어 합니다.

※ 성령 충만하면 받는 은사가 무엇인가?

(고전 12:8-11) 어떤 사람에게는 성령으로 말미암아 지혜의 말씀을, 어떤 사람에게는 같은 성령을 따라 지식의 말씀을, 다른 사람에게는 같은 성령으로 믿음을, 어떤 사람에게는 한 성령으로 병 고치는 은사를, 어

떤 사람에게는 능력 행함을, 어떤 사람에게는 예언함을, 어떤 사람
에게는 영들 분별함을, 다른 사람에게는 각종 방언 말함을, 어떤
사람에게는 방언들 통역함을 주시나니 이 모든 일은 같은 한 성령
이 행하사 그의 뜻대로 각 사람에게 나누어 주시는 것이니라

(10) 이렇게 전도하라

1. 담대하게 부딪쳐라.

전도는 사단과의 전쟁이기 때문에 옆에서 욕을 하더라도 침착하고 지혜롭게 대처하면서 담대하게 부딪쳐야 할 것입니다.

2. 육신을 보지 말고 한 영혼을 보라.

노숙자라 할지라도 사랑(인격적)으로 대하십시오.

3. 지식이나 경험보다 하나님 말씀을 의지하라.

(딤후 2:15) 너는 진리의 말씀을 옳게 분별하며 부끄러울 것이 없는 일꾼으로 인정된 자로 자신을 하나님 앞에 드리기를 힘쓰라

4. 절대 포기하지 말고 인내와 끈기를 가져라.

(갈 6:9) 우리가 선을 행하되 낙심하지 말지니 포기하지 아니하면 때가 이르매 거두리라

5. 진실과 정직으로 행하라.

진실은 눈빛을 통해 알 수 있습니다.

6. 물질에 욕심을 두지 마라.

7. 하나님 말씀을 전하는 것 외에는 아무런 목적을 두지 마라.

8. 겸손하라.

9. 기도로 준비하라.

(엡 6:18-19) 모든 기도와 간구를 하되 항상 성령 안에서 기도하고 이를 위하여 깨어 구하기를 항상 힘쓰며 여러 성도를 위하여 구하라 또 나를 위하여 구할 것은 내게 말씀을 주사 나로 입을 열어 복음의 비밀을 담대히 알리게 하옵소서 할 것이니

10. 수시로 기도하라.

11. 인격적으로 대하라.

12. 서두르지 말라.

13. 즉시 시행하라.

성령의 감동이 올 때 즉시 행합니다. 그 상대자를 언제 만날지 모르기 때문입니다.

14. 상대방의 말을 경청하라.

전도 대상자들 중에는 갈급한 자가 많이 있기 때문입니다.

15. 칭찬을 아끼지 마라.

세상에 칭찬을 싫어하는 사람은 아무도 없습니다. 고래도 칭찬하면 춤을 춥니다.

16. 항상 웃어라.

첫인상이 중요하기 때문입니다.

17. 남을 판단하지 말고 비판하지 말라.

18. 거부를 당해도 좋은 인상을 남겨라.

19. 다른 교회나, 다른 목회자를 비판하지 마라.

누워서 침 뱉는 격입니다.

20. 상대방의 종교를 비판하지 말고 마음속으로 기도하라.

21. 억지로 전도하지 마라.

지금 억지로 전도하려 하지 마십시오. 시간이 필요한 사람이라는 생각이 들면 다른 사람이 다음에 와서 전도할 수 있도록 기다려 주십시오.

22. 불신자나 초신자 앞에서 방언으로 기도하지 마라.

이상한 종교나, 이단으로 볼 수 있기 때문입니다.

23. 가르치거나 책망하는 말을 하지 마라.

우리는 환자를 위로하기 위해 "그러니까 아프지!" 라든지 "그러니까 내가 일찍 병원에 가보라고 했잖아!" 와 같은 말을 해서는 안 됩니다.

환자는 심령이 약해져 있기 때문에 위로받고 싶어 합니다. 다시 말해서 "정말 이만해서 다행이네요" 라든지 "병원에 갈 때 나한테 연락하지" 와 같은 위로가 될 수 있는 긍정적인 말을 해 줘야 합니다. 그럴 때 마음의 문이 열리기 때문입니다.

24. 시간을 오래 끌지 마라.

25. 다른 사람이 전도할 때 끼어들지 마라.

26. 접촉점을 찾아라.

접촉점은 전도의 80%를 차지할 정도로 중요합니다.

27. 대화에 주도권을 잡아라.

서두르지 말고 천천히 부드럽게 복음을 전하며 미소와 함께 상대편이 다른 생각을 갖지 않도록 대화의 주도권을 가져야 합니다.

28. 전도지 내용과 기본 메시지를 완전히 습득해야 한다.

말씀 도중에 성경을 찾거나 말을 더듬거리면 집중된 분위기가 흐트러질 수 있으며 전도자에 대한 신뢰가 떨어질 수 있습니다.

29. 전도 대상자가 여러 사람과 함께 있을 땐 전도 대상자만 높여줘라.

여러 사람 앞에서 "옷이 참 예쁘네요."라든지 "참 미인이시네요."라고 말하면 많은 사람에게 자신의 대인 관계를 과시할 수 있으며, 또 구별되는 대우를 받으므로 기분이 좋아질 수 있습니다.

30. 대화 중에 공통분모를 찾아 동질감을 느끼게 하라.

우리 어머니도 나 어릴 때 돌아가셨는데…, 나도 그곳에서 살았는데…, 나도 수영을, 좋아하는데 등 공통분모를 찾아 동질감을 느끼게 되면 마음의 문을 열게 됩니다.

※ 단, 주의할 점은 거짓으로 공통분모를 찾으면 안 된다는 사실입니다.

31. 인사는 상냥하고 정중하게 하라.